完全達成シリーズ

高校受験
英語長文問題

公立用

■この本を使うみなさんへ■

　きびしい高校入試が近づいています。
　高校の英語入試においては，長文問題がもっとも大きな比重を占めています。長文問題が合否のかぎを握っているといっても過言ではありません。
　これにたいしては，十分な準備と練習を積む以外には妙薬はありません。立派な成果をあげるためには，しっかりした計画と確実な実行が必要です。
　少しでも早いうちから，計画的に，長文読解の実力を養ってください。
　本書を十分活用され，合格の栄冠をかちとられることを心から願ってやみません。

■この本の特長と利用のしかた■

　この本は，全国の公立高校の入試問題から，いろいろな種類の長文問題を選び出し，全訳をつけて，詳細な解説を施したものです。
　住んでいる地域によっては，あるいは，「僕の県の問題は出ていない」と不満を持つ人がいるでしょう。
　しかし，公立高校の問題には，都道府県によって，そう大きな傾向の差があるわけではありません。
　この本は，「傾向と対策」もさることながら，問題をこなすことによって，本当の実力を身につけることを目標にしたものです。本番の入試のつもりで真剣な気持ちで取り組んでもらいたいと思います。
　そのうえで，じっくりと解説を読んでください。「なるほど，ここがポイントなんだ」ということがわかってくるはずです。
　そして，「本当の実力」をつけたい人は，ていねいに「全訳」を読んでもらいたいのです。
　訳文はちょっと意訳してみましたが，「このくらいの意訳をしてもいいんだ」という訳文作りのコツも学べる，模範的な訳文を目指してみました。
　何度も何度も，反復してこの本を活用してください。できれば，気に入った文を暗記するくらいの気迫で立ち向かえば，得るところも大きいはずです。
　高校受験の一年，全力をつくしてみませんか。

●●● もくじ ●●●

1. 群馬県…………… 5
2. 栃木県…………… 7
3. 石川県…………… 8
4. 山梨県……………10
5. 山口県……………12
6. 愛知県……………13
7. 大阪府……………15
8. 佐賀県……………17
9. 茨城県……………19
10. 秋田県……………20
11. 北海道……………22
12. 青森県……………24
13. 奈良県……………27
14. 神奈川県…………28
15. 埼玉県……………30
16. 長崎県……………32
17. 静岡県……………35
18. 鳥取県……………37
19. 富山県……………40
20. 東京都……………42
21. 東京都……………44
22. 滋賀県……………47
23. 山形県……………49
24. 愛媛県……………52
25. 奈良県……………55
26. 兵庫県……………57
27. 千葉県……………59
28. 福岡県……………61
29. 京都府……………63
30. 都立日比谷高校…66

全訳・解説・解答…………別冊

1 　群馬県

次の英文を読んで，後の(1)〜(4)の問いに答えなさい。

Yoshiko is a junior high school student. Robert is an AET from England. Yoshiko is showing Robert the pictures she took in England.

① *Robert* : I like this picture, Yoshiko. Where did you take it?
② *Yoshiko*: This one? This is the Lake District. My host family took me there.
③ *Robert* : Oh, that's nice! (A)私も以前そこへ行ったことがあります。How was it?
④ *Yoshiko*: It was wonderful. The mountains and lakes were really beautiful.
⑤ *Robert* : Yes. Many famous poets wrote about the beauty of the place. William Wordsworth is one of them. (B)彼の詩は多くの人々に愛されています。
⑥ *Yoshiko*: I want to read them some day.
⑦ *Robert* : Good. Are you interested in poems?
⑧ *Yoshiko*: Yes, very much. My teacher [me write a to poem told] in Kyoto last year.
⑨ *Robert* : In Kyoto…? Oh yes, you went there on a school trip. Kyoto has many old temples and beautiful gardens. Right?
⑩ *Yoshiko*: Yes. I wrote a very short poem about the color of a leaf in fall there. I enjoyed writing it.
⑪ *Robert* : You wrote a *haiku*, didn't you?
⑫ *Yoshiko*: That's right. Do you like *haiku*?
⑬ *Robert* : Yes, I like *haiku* very much. ☐
⑭ *Yoshiko*: OK. It is *"Tenohira ni noseta ichimai akai aki."*
⑮ *Robert* : It means 'You looked at the red color of the leaf in your hand. And you felt the real beauty of fall.' Right?
⑯ *Yoshiko*: Yes, that's right.
⑰ *Robert* : I like your *haiku* very much!
⑱ *Yoshiko*: Thank you. I'm glad to hear that.

(注) AET 英語指導助手　　the Lake District 湖水地方　　host family ホストファミリー
　　poet 詩人　　beauty 美しさ　　William Wordsworth ウイリアム・ワーズワース(イギリスの詩人)　　leaf 葉　　*haiku* 俳句

(1) ....の部分の意味がとおるように，〔　　〕内の単語を並べかえて書きなさい。

(2) 下線部(A), (B)を英語で書きなさい。

(3) ☐に当てはまる文を，次のア〜エから選びなさい。
　ア．May I write a *haiku* in English?
　イ．Did you write your *haiku* in English?
　ウ．Shall I tell you the *haiku* I wrote in Kyoto?
　エ．Will you tell me the *haiku* you wrote in Kyoto?

(4) 本文の内容と合うものを，次のア〜エから選びなさい。
　ア．Yoshiko wrote a poem about the beauty of the Lake District.
　イ．Yoshiko sometimes reads poems written by William Wordsworth.
　ウ．Robert understands Yoshiko's *haiku* and likes it very much.
　エ．Robert talks about famous poets who wrote about the beauty of Kyoto.

2 ──────────── 栃木県

次の英文を読んで，1，2，3の問いに答えなさい。

① About 100 years ago, electricity was mainly used for lights in houses. People used more electricity in their houses at night than in the daytime. Electric power companies (　　). They said, "We need useful appliances that people will use mainly in the daytime. Are there any good ideas?" The first answer to this question was an electric iron. It was made in 1902.

② Today we use electric irons and (1)other appliances to make life easier. It is now difficult for us to live without them. Today we use a lot of useful appliances that we did not have 100 years ago. So we need more electricity than before.

③ What will happen if we use more electricity? We may have some problems. We should do something now. Some scientists are trying to make appliances which do not need much electricity. There is also (2)one more thing we can do. We can stop using electricity when we do not need it. We should find many ways to do so at home or at school. Let's try to find some.

（注） electricity＝電気　　mainly＝主に　　lights＝明かり　　daytime＝昼間
electric power companies＝電力会社　　appliance(s)＝電気製品
electric iron＝電気アイロン

1. 文中の（　）に入れるものとして最も適切なものはどれか。
   ア．wanted people to use more electricity in the daytime
   イ．did not want people to use more electricity in the daytime
   ウ．wanted people to use more electricity at night
   エ．wanted people to use more electricity only for lights

2. 次の①，②の文は，下線部(1)の具体例として，ある電気製品の説明をしている。それぞれ何という電気製品のことか，日本語で書きなさい。
   ①　This appliance is used to keep food cold.
   ②　This appliance is used to clean our rooms.

3. 下線部(2) one more thing の内容を具体的に日本語で書きなさい。

3 ───石川県

次の文は，二郎（**J**）とアメリカからの留学生ベン（**B**）との対話文です。これを読んで，下の各問に答えなさい。

① J : Ben, your bag looks nice.
② B : Oh! Do you like this, Jiro? I got it at my friend's garage sale in November.
③ J : Garage sale? What's that?
④ B : In the garage of a house, we sell old and used things. People go there and buy things.
⑤ J : Then a garage becomes a store.
⑥ B : That's right. Is there anything like that in Japan?
⑦ J : Well, we have flea markets. In an (1)open space like a park, people sell things they don't need.
⑧ B : I see. We often throw away old things which we can still use, and buy new ones. (2)We are wasting a lot.
⑨ J : I think we must use things more carefully and try to use them again.
⑩ B : I think so, too. Recycling is important.
⑪ J : In Japan we recycle a lot of things. For example, we separate old newspapers and books from other garbage. I have learned (3)every 1,000kg of recycled paper saves about 20 trees.
⑫ B : Do you recycle bottles and cans?
⑬ J : [　　] In my city, we have started gathering PET bottles, too. Some people have made clothes from PET bottles.
⑭ B : That's wonderful. In the future, we may have a lot of clothes made from PET bottles.

(注) garage 車庫　sale 販売　flea market フリーマーケット　waste 浪費する
recycle 再利用する　separate 区別する　newspaper 新聞　can 缶
PET bottle ペットボトル

問1　次の(1)と(2)について，(　)の中にそれぞれ1語を書き，質問に対する答えを完成しなさい。

(1) What did Ben get at a garage sale?
He got a (　).

(2) How are PET bottles used again?
Some of them are changed into (　).

問2　下線部(1)の意味として最も適切なものを，次のア～エから1つ選び，符号を書きなさい。
ア．広大な宇宙　イ．大きい地球　ウ．広い場所　エ．開かれた世界

問3　下線部(2)について，ベンは具体的にどのようなことを指して，こう言ったのですか。日本語で書きなさい。

問4　下線部(3)とほぼ同じ内容を表すように，（　　）の中に2語以上の英語を書き，文を完成しなさい。

　　If we use 1,000kg of recycled paper, we（　　）about 20 trees.

問5　文中の□□□の中に入る適切な英文を次のア～エから1つ選び，符号を書きなさい。
　ア．No, thank you.
　イ．Yes, please.
　ウ．How nice!
　エ．Of course.

問6　次の文が本文の内容に合うように，（　　）の中に入る最も適切な語を下のア～エからそれぞれ1つ選び，符号を書きなさい。

　　Ben and Jiro know that wasting a lot of things is a big (　(1)　). They think they must do something to solve it. They understand (　(2)　) is a useful way and it will save the earth's natural resources.

　ア．recycling
　イ．answer
　ウ．taking
　エ．problem

山梨県

次の英文を読んで，1から3の問いに答えなさい。

(注)
built: (build) の過去分詞　　the Edo period: 江戸時代
traditional wooden houses: 伝統的な木造の家　　feel relaxed: リラックスする
peaceful: 平穏な　　importance: 重要性　　be proud of〜: 〜を誇りに思う
tradition: 伝統　　be impressed by〜: 〜に感心する　　hand down 〜 to the next generation: 〜を次の世代に伝える

① One day in spring, Takao's father said to him, "Takao, I'm going to drive to Nagano today. (ア)＿＿＿" ② "Sure," Takao said.
③ After driving for about two hours, they got to a small village which has many old houses. ④ They were built during the Edo period.
⑤ "Wow, I didn't know we still had these old houses!" Takao said. ⑥ "Takao, they are more than one hundred years old. ⑦ I like these traditional wooden houses. ⑧ Taking pictures of them is a lot of fun. ⑨ Takao, what do you think of these houses?" said his father. ⑩ "Well, I can't answer your question now, but I'm very surprised."
⑪ After lunch Takao and his father enjoyed looking at the houses. ⑫ Takao saw two young foreign people, and he began to talk to them.
⑬ "Hi, my name is Takao. I'm a high school student." ⑭ One of them said, "Hi, Takao. I'm John. I'm from the United States. I'm studying Japanese in Tokyo." ⑮ "What do you think of these houses?" Takao asked.
⑯ John answered, "I like them. ⑰(イ)I was very surprised to know that these wooden houses were built more than one hundred years ago. ⑱ They are very old, but I think (ウ)＿＿＿ ⑲ They tell us something that is important. ⑳ I feel relaxed when I stand on this street. ㉑ In big cities you have many wonderful buildings, but I don't feel relaxed in big cities. ㉒ This village is very peaceful, and I feel relaxed here. ㉓ Many people in big cities may forget the importance of a peaceful life. ㉔ You can be proud of this Japanese tradition. ㉕(エ)＿＿＿ ㉖ I think many people from foreign countries like traditional Japanese houses."
㉗ Takao was very impressed by him, and he said, "I've enjoyed talking with you. ㉘ I've learned the importance of these traditional houses. ㉙ Thank you very much."
㉚ Takao thought that these traditional houses should be handed down to the next generation.

1. 次のアからエの各問に答えなさい。
   ア．本文の内容からみて，(ア)の⬜の中に補う文として最も適切なものはどれか。その番号を書きなさい。
   1．Where do you want me to go?
   2．What do you want to do with me?
   3．Do you want me to stay at home?
   4．Do you want to go with me?

   イ．下線部(イ)のように John が述べている理由を，35字以内の日本語で書きなさい。句読点も一字とすること。

   ウ．本文の内容からみて，(ウ)の⬜の中に補う文として最も適切なものはどれか。その番号を書きなさい。
   1．they look old.   2．they look new.
   3．they look bad.   4．they look poor.

   エ．本文の内容からみて，(エ)の⬜の中に補う文として最も適切なものはどれか。その番号を書きなさい。
   1．You should build these old houses in a short time.
   2．You must not build these old houses in a short time.
   3．You should keep these old houses for a long time.
   4．You must not keep these old houses for a long time.

2. 次の(1)から(6)のうち，本文の内容と合っているものはどれか。2つ選び，その番号を書きなさい。
   (1) Takao told his father to go to Nagano by train.
   (2) It took more than three hours to get to a small village in Nagano.
   (3) Takao was very surprised because he saw the old houses in the village.
   (4) John is a foreign student who is studying Japanese history in Tokyo.
   (5) John thinks that many foreign people like traditional Japanese houses.
   (6) Takao thinks all the people in Tokyo forget the importance of a peaceful life.

3. 次の文は，Takao が帰りに父親に述べた感想である。本文の内容を参考にして，⬜(1)から⬜(4)の中に，適切な英語を1語書きなさい。

   "Now, I can ⬜(1) the question you asked me in the village. I like those houses, and I'm very proud of them. I didn't ⬜(2) the importance of Japanese tradition before. People from foreign countries sometimes teach us the importance of old traditions. It is easy to lose those houses, but it is very ⬜(3) to build them again. I really think we ⬜(4) to hand down those traditional houses to the next generation."

5 　　　　　　　　　　　　　　　　　　　　　　　　　　　山口県

次は，久美（*Kumi*）と *Mary* との対話の一部である。これを読んで，下の(1)〜(3)に答えなさい。

① *Kumi:* I went to the flea market with my brother last Sunday. Did you go there, too?

② *Mary:* No, I didn't. Did you find anything interesting?

③ *Kumi:* Yes, (A)I(kinds / things / found / of / different) such as old clothes, CDs and books. There were also some traditional Japanese things.

④ *Mary:* (B) *kimono*, *chawan* and so on?

⑤ *Kumi:* That's right. They were old but good. We should not throw away things which are still useful. We can buy or sell them. What do you think?

⑥ *Mary:* (C)I think so, too. We also have flea markets in my country. It's good for recycling, isn't it?

⑦ *Kumi:* (D) . It's important for us to think about recycling.

⑧ *Mary:* Well, did you buy anything?

⑨ *Kumi:* No, I didn't, but my brother bougth some CDs. It was fun to walk around at the flea market.

⑩ *Mary:* Please take me to the flea market next time.

⑪ *Kumi:* Sure. (E) we'll find some interesting things.

（注） flea market フリーマーケット（中古品バザー）　 traditional 伝統的な

(1) 下線部(A)の（ ）の中の語を並べかえて，正しい英文にしなさい。

(2) 下線部(B), (D), (E)には，次の1〜4のうち，どれを入れればよいか。それぞれ1つ選び，記号で答えなさい。

　(B)　1. You know　　　2. You mean　　　3. How were　　　4. How about

　(D)　1. You're welcome　2. You're wrong　3. I agree　　　　4. I remember

　(E)　1. I hope　　　　　2. I learn　　　　3. I'm afraid　　　4. I'm sorry

(3) 下線部(C)で，*Mary* は「私もあなたと同じ考えです。」と言っているが，それは，久美（*Kumi*）のどのような考えと同じなのか。日本語で答えなさい。

愛知県

次の文章を読んで，あとの(1)から(6)までの問いに答えよ。

June 11, 1998

（第1段落）
Dear Mr. and Mrs. Ogawa,

Thank you for your letter (A) on June 2. I was really gald to read the letter. I will stay at your house for three weeks, and I hope I will spend a lot of time together with you.

（第2段落）

When I stayed in Nagoya for a month four years ago, I became interested in Japan. I went to some famous places and I talked with a lot of people. Then I (B) two kinds of Japanese features.

（第3段落）

First, I noticed that Japan was a country of (①). It was full of cars, and a lot of computers were used there. I thought Japan was much like the United States.

（第4段落）

On the other hand, Japan was a traditional country. There were some beautiful and quiet gardens in an old Japanese city, and old plays like Kyogen and Noh were still performed in Japan.

（第5段落）

Actually, I have one wish. ②Could you take me to(my / Kyoto / Japan / during / stay / in)? You may say, "Why Kyoto?" I did not have a chance to go to Kyoto four years ago. I like the traditional Japan better than the industrial Japan, and I would like to visit an old Japanese city to learn a lot about old Japanese things. ③I think Kyoto will be the (ア) place (イ) visit.

（第6段落）

I will get to your house in Nagoya about ten on the morning of June 28. Say hello to your family. Good-by.

Love,

Beth

（注） feature 特徴　　on the other hand 他方では　　traditional 伝統的な

(1) （ A ），（ B ）のそれぞれにあてはまる最も適当な語を，次の5語の中から選んで，正しい形にかえて書け。

rise　　find　　lend　　grow　　write

(2) （ ① ）にあてはまる最も適当な語を，次のアからエまでの中から選んで，そのかな符号を書け。
ア．melody
イ．emotion
ウ．generation
エ．technology

(3) 下線②のついた文が，「私が日本に滞在している間に，私を京都に連れていってくれませんか。」となるように，（　　）内の語を正しい順序に並べかえよ。

(4) 下線③のついた文が，「私は，京都が，訪問するのに一番よい場所だと思います。」となるように，（ ア ），（ イ ）のそれぞれにあてはまる最も適当な語を書け。

(5) 次の問答が，本文に書かれていることと一致するように，（ ア ）（ イ ）のそれぞれにあてはまる最も適当な語を書け。
"How long will Beth stay at the Ogawas' house?"
"She will stay there for (ア)(イ)."

(6) 次のアからエまでの文の中から，その内容が本文に書かれていることと一致するものを1つ選んで，そのかな符号を書け。

ア．Beth was sorry because the letter from Mr. and Mrs. Ogawa said, "We will not be able to see you."
イ．When Beth came to Japan in 1994, she stayed in Nagoya for a month, and she became interested in Japan.
ウ．Beth will come to Japan because she wants to know not about the traditional Japan but about the industrial Japan.
エ．Beth will come to Kyoto on June 28, and she will arrive at Mr. and Mrs. Ogawa's house about 10 : 00 p.m.

7 大阪府

次の英文を読んで，あとの問いに答えなさい。

① Mr. Jones comes from England. He has taught English at a high school in Osaka for about three years. Yukiko and Masao are members of the English club at the school.

② *One day Yukiko and Masao came to see Mr. Jones in the teachers' room.*

③ *Masao :* Hello, Jones-sensei. ① now?

④ *Jones :* I'm making the *Jones News*.

⑤ *Yukiko :* You've given us this English newspaper every month. We enjoy reading it very much.

⑥ *Jones :* This newspaper will be the last one for you.

⑦ *Yukiko :* You'll leave Japan soon, won't you?

⑧ *Jones :* Yes. I'll leave Japan on July 25. You've given me a lot of good memories. I'm writing about some of them.

⑨ *Masao :* I see many letters on your desk.

⑩ *Jones :* Yes. They are messages from the students. Last week I asked my students to write messages to me about my lessons, because I wanted to put some of them in my last newspaper.

⑪ **A message from a student**

> Mr. Jones, when we met you in class for the first time, you spoke very slowly in English. First you asked us many questions. Next you said, "Do you have any questions to me?" So I asked, ⒶPut"What do you like to do when you have free time?" I was really happy when you smiled and said, "I like to listen to music".

⑫ **A message from another student**

> Mr. Jones, you showed us many beautiful pictures of your country in your lessons. The sunset in England was really nice. You said, "In England the sun goes down at about 4 p.m. in winter and at about 10 p.m. in summer." I thought, "The night is too long in winter. I don't like that. But Ⓑit will be very nice to play sports outdoors until 10 p.m. in summer."

（注）　memory 思い出　　put～in… ～を…に掲載する　　sunset 夕焼け空
　　　　go down （日が）沈む　　～p.m. 午後～時　　outdoors 戸外で

(1) 本文中の ① に，あとのジョーンズ (Jones) 先生の返答につながるような内容の英語を入れ，疑問文を完成しなさい。

(2) 本文の内容と合うように，次の問いに対する答えをそれぞれ英語で書きなさい。
① How long has Mr. Jones taught English at the high school in Osaka?
② Has Mr. Jones given the *Jones News* every week?
③ When will Mr. Jones leave Japan?

(3) 本文中で，ジョーンズ先生は，最後の「ジョーンズニュース (*Jones News*)」に記事を掲載するために，生徒にどのようなことを頼んだと述べていますか。その内容を日本語で書きなさい。

(4) 本文中の Ⓐ_____ は，ある生徒がジョーンズ先生にした質問です。あなたなら，外国からやって来た先生にどのようなことをたずねようと思いますか。Ⓐ_____ 以外の疑問文を1つ考えて，英語で書きなさい。

(5) 本文中の Ⓑit の内容を具体的に述べたところが本文中にあります。その内容を日本語で書きなさい。

(6) 本文中のゆき子 (Yukiko) は，ある日の朝，ジョーンズ先生と校門の前で出会いました。次はそのときの会話の一部です。 ⓐ ， ⓑ に入れるのに最も適している英語をア〜エから1つずつ選び，記号を書きなさい。

Yukiko: Good morning, Jones-sensei.
Jones : Good morning, Yukiko. ⓐ , today?
Yukiko: I'm fine, thank you. And you?
Jones : I'm fine, too. ⓑ .

　ア．Thank you
　イ．You are welcome
　ウ．How do you do
　エ．How are you

8 佐賀県

次の文を読んで，1〜4の各問いに答えなさい。

(第1段落)

Aya is a junior high school student. She liked to talk with the old man who kept a shop near her house. She often bought several things at the shop. Her mother also asked her to go and buy some food there.

(第2段落)

One day the old man said to Aya, "I think I will have to close this shop because many people have begun to go to the new *supermarket near the station. I don't want to do ①this, but there is no other way." Aya was very surprised to hear that and asked him, "Are you going to open a shop in a different place?" He answered, "I don't know."

(第3段落)

Aya told her parents about this when she went home. Her parents and grandfather knew the old man very well. He was loved by everyone in the town because he was always smiling and kind to everyone. He really enjoyed talking with the children who came to buy some things. They told him about their school life, their friends, their families and the TV programs they liked.

(第4段落)

He and his wife opened their shop thirty-five years ago when Aya's father was very young. He had to take care of the shop alone after his wife died in a car *accident ten years ago. He has a son who lives in Kyoto and works at a *sushi restaurant. His son often told him to come and live together in Kyoto. But he didn't want to move to a new place. He thought, "It must be difficult to make new friends there."

(第5段落)

Two weeks later Aya went to his shop. When she arrived, it was closed. She called the old man two or three times, but there was no answer. Then, a *truck came and two men began to carry the old man's things out of the house. Aya thought, "The old man decided to move to his son's house." ②Aya felt sad.

(第6段落)

It was good to be able to buy many things in the supermarket. But Aya found she didn't really talk with the *cashier at the supermarket and often remembered the many interesting talks with the old man. She thought it was important to talk with some other people *besides her family and friends. A month later she got a letter from

Kyoto. It said, "I enjoy living here in Kyoto. I got a friend. It's a dog. It is fun to take him for a walk every day. I'm not alone. How are you? I want to continue our *friendship by writing to each other." She was very glad to get this letter and began to write to him. Now she doesn't have to worry about him.

　（注）　*supermarket スーパーマーケット　　*accident 事故　　*sushi restaurant すし屋
　　　　　*truck トラック　　*cashier レジ係　　*besides〜 〜に加えて　　*friendship 親交

1. 下線部①の this が指す内容を具体的に10文字程度の日本語で書け。

2. 次の英文に続くものとして最も適当なものを，下のア〜エの中から1つ選び，記号を書け。
　　The old man didn't want to move to Kyoto
　ア．because his son didn't ask him to come to Kyoto.
　イ．because he thought he couldn't make new friends easily there.
　ウ．because he wanted to open another shop near the supermarket.
　エ．because Aya and her friends asked him to stay in the town many times.

3. 下線部②について，Aya はなぜそう感じたのか，その理由を30字程度の日本語で書け。

4. 本文の内容に合っているものを，次のア〜カの中から2つ選び，記号を書け。
　ア．Aya often visited the old man's shop because she liked to talk with him.
　イ．The old man and his wife opened the shop after Aya was born.
　ウ．Children loved the old man because he often played with them in the park.
　エ．Aya enjoyed talking with the cashier in the new supermarket.
　オ．The old man wrote to Aya from Kyoto after he moved there.
　カ．Aya decided to go to Kyoto to see the old man with her family.

茨城県

次の英文の内容に合うように，下の(1)〜(4)の（　）の中に入る最も適切な英語を，本文中から選んで，それぞれ1語ずつ書きなさい。

(第1段落)

Do you have a dream? Everything starts from a dream.

(第2段落)

Many years ago space travel was a dream, but now it's not just a dream. Astronauts can go to the moon and see the earth from space.

(第3段落)

There was a French man who thought about space travel. He wrote the book, "From the Earth to the Moon" in 1865. Many people enjoyed reading it, but thought space travel was impossible.

(第4段落)

Traveling under the sea was also a dream. The French writer thought about a ship which could go under the sea. And that dream has already come true.

Having a dream is very important.

(1) Astronauts are able to (　　) our planet from space.

(2) Many people didn't think that they (　　) go to the moon about 130 years ago.

(3) The French writer thought about two things. One was about space travel, and the other was about a (　　) which was able to move under the sea.

(4) Space travel started from a dream. So it is important for us to (　　) a (　　).

10 秋田県

次は，中学生の美由紀（Miyuki）が，留学生のジェーン（Jane）との思い出について書いた英文です。(1)～(6)の問いに答えなさい。

(第1段落)

 "An American student will come to our class next week," our teacher said to us. I was very (①) because I wanted to have a friend from abroad. The day came at last. I talked to her, but she could not understand my English well and it was also difficult for me to understand her English. I was a little (②) and said to myself, "Maybe we can't become friends." But (A)that idea was wrong.

(第2段落)

 The next day, I did not talk to her, but she talked to me. She brought a pen, a piece of paper and a dictionary. She wrote her name, 'Jane'. She drew a picture of her family. She showed me words in the dictionary to tell her ideas. So we enjoyed talking with each other. We became good friends very soon.

(第3段落)

 Jane was as old as I, but she had a very different *way of thinking. One day Jane and I went to a *department store to buy a birthday *present for our friend. Jane *selected her present soon. But I could not select my present. So I asked her to help me. "Which pen is better?" "Do you like this notebook?" *At first Jane kindly helped me, but after some questions, she said to me, (B)"[   ]" I was a little surprised.

(第4段落)

 That night I remembered her words and said to myself, "(C)I always ask others to help me. When our teacher asks me a question, I always ask my friends around me before I answer the question. I *depend on others too much. I have to try to think and do things *by myself."

(第5段落)

 Jane stayed in Japan for only one month and she went back to America. We learned a lot from each other.

 (注)　*way of thinking 考え方　　*department store デパート　　*present 贈り物
　　　*selected 選んだ　　*At first 最初は　　*depend on 頼りにする　　*by myself 自分で

(1) ①，②にあてはまるものを，次のア～オからそれぞれ１つずつ選んで記号を書きなさい。
　ア．sad
　イ．busy
　ウ．kind
　エ．clean
　オ．happy

(2) 下線部(A)の内容を具体的に日本語で書きなさい。

(3) 下線部(B)にあてはまるものを，次のア～エから１つ選んで記号を書きなさい。
　ア．We should go to another store.
　イ．We should buy a nice present.
　ウ．You should spend more time.
　エ．You should decide by yourself.

(4) 下線部(C)について，美由紀が学校生活の中での具体的な例としてあげていることを，日本語で書きなさい。

(5) 本文の内容と一致するものを，次のア～エから１つ選んで記号を書きなさい。
　ア．Jane and Miyuki did not talk to each other during Jane's stay.
　イ．Miyuki asked Jane to help her when Miyuki was going to buy a present.
　ウ．Jane got some advice from Miyuki before answering their teacher's question.
　エ．Miyuki found that people all over the world had the same way of thinking.

(6) 次の英文は，美由紀がジェーンの行動や考え方から学んだことを日記に書いたものです。本文の内容に合うように下線部①～③に適当な英語をそれぞれ１語ずつ書きなさい。ただし，答えはすべて指示された文字で書き始めること。

> July 25th
> 　At first I was not ①(a_____) to talk with Jane in English. But she drew pictures and used a dictionary. Pictures and dictionaries are very ②(u_____) when we talk with foreign people.
> 　Jane always had her own ideas when she did things. But I depend on others. I ③(n_____) to think and decide by myself.

11 ─────────────────────────────────── 北海道

次の英文は，東京に住む高校生の真紀子と彼女のクラスで学ぶ留学生のヘレンとの会話です。これを読んで，問いに答えなさい。

① Makiko: Hi, Helen. How was your trip to Hokkaido during the winter vacation?
② Helen : Very good. It was my first time to visit Hokkaido. I enjoyed watching some kinds of birds and animals living in cold weather. I saw *tancho*, red-crowned cranes, near Kushiro city.
③ Makiko: A Tell me about *tancho*.
④ Helen : Sure. I could see the red parts of their heads and the black parts of their faces and wings. They were flying over the snow. They looked very beautiful, so I tried to write a *haiku* in English.

(1)The red-crowned cranes
　　playing in the snow
　　are winter flowers.

⑤ Makiko: Great!
⑥ Helen : I have heard that cranes stand on one leg in the water when they sleep, because water is warmer than snow.
⑦ Makiko: B
⑧ Helen : I can't, either. In other places I saw a lot of water birds swimming in rivers and lakes in Hokkaido. And I met a man who gave birds food. He said, "We must watch and help these birds."
⑨ Makiko: Oh, he is very kind to living things.
⑩ Helen : He said, "Look at that bird. It doesn't look as fine as the others. Birds coming here sometimes eat things that are bad for them, and become sick. Some people visiting this place (2)bring bad things and don't take them home."
⑪ Makiko: I am sorry to hear that. What should we do?
⑫ Helen : He said, "Students living here want more birds to come and to stay here. They'll clean rivers and lakes when spring vacation comes." It will be nice if we can help them.
⑬ Makiko: Yes! Let's talk about it in our class.

　（注）*tancho*, red-crowned cranes タンチョウ（ツル科）　　wing つばさ　　*haiku* 俳句
　　　　leg 脚

問1 　A 　, 　B 　に入る英文として最も適当なものを，ア～エからそれぞれ選びなさい。
　ア．Have you ever seen true red-crowned cranes?
　イ．I've never seen true red-crowned cranes.
　ウ．Interesting! I can't stand on one leg so long.
　エ．They should stand on two legs because they sleep long.

問2 　___線(1)で，ヘレンが「冬の花」と表現したものを，ア～ウから選びなさい。
　ア．木の枝に積もっている雪
　イ．雪の上のタンチョウ
　ウ．雪の中の樹木

問3 　本文の内容に合うように，(1)～(4)の（ 　 ）に適当な1語を書き入れなさい。
　(1) It was the (　) time for Helen to visit Hokkaido.
　(2) Red-crowned cranes looked so (　) that Helen wrote a *haiku* in English.
　(3) Helen met a man giving birds (　).
　(4) Helen wants to help the students who will clean rivers and lakes when (　) vacation comes.

問4 　___線(2)のような行動が，そこにやってくる鳥にどのような影響を与えることがあると，鳥の世話をしていた人が話したのか，日本語で説明しなさい。

12 ───────────────────────────────── 青森県

次の英文を読んで，あとの(1)〜(3)に答えなさい。

（第1段落）

On December 25, 1642, Isaac Newton was born in a small village in England. When he was born, he was sick and much smaller than other babies. His family thought that he would die soon, but he got better. He lived until 1727.

（第2段落）

Newton grew up on a farm. He was a quiet boy. He loved making things. He had wonderful skills and made a wooden clock that really worked.

（第3段落）

Sometimes Newton's ideas were strange. He made a small paper lantern because in winter it was dark when he walked to school in the morning. When he was playing with a kite, he had an idea to use the lantern in a different way. He tied it to the kite. He was able to see the kite up in the dark sky and play with it at night. The people in the village talked about Newton and his flying light a lot.

（第4段落）

There was another story about young Newton. One night, the wind in his village was very strong. His mother thought that the wind would break the fences on the farm. She asked him to look at them. He went out but did not come back. She waited and waited. She went out to find him. When she found him, he was jumping off the fence again and again. He jumped against the wind, and then he jumped with the wind. He wanted to know how strong the wind was.

（第5段落）

When Newton was 12 years old, he left the school in his village and went to a school in a larger town. He only thought about making things, and his school record was bad. The principal understood him well. He said to Newton's family, "Isaac should go to college because he has wonderful ideas and skills." In 1661, Newton went to college.

（第6段落）

At college, Newton read a lot of books about science and wrote his own questions in a notebook. At that time, he was interested in the moon. He thought, "Why do things fall to the ground? If everything falls, does the moon also fall? It never hits the earth. Why?" He was able to answer these questions after many years.

(第7段落)

Newton became one of the most famous scientists in the world. When he was asked, "Why do you know so much about the secrets of nature?" he answered, "Because I'm always thinking about my own questions." He never stopped studying during his life.

(注) Isaac Newton アイザック・ニュートン　　was botn 生まれた
　　　wooden clock 木製の時計　　paper lantern ちょうちん　　kite たこ
　　　tied ～を結びつけた　　fence(s) 塀　　jumped with the wind 風にのって跳んだ
　　　school record 学校の成績　　principal 校長　　hits ～にぶつかる
　　　secrets of nature 自然の秘密

(1) 次のア～エの問いの答えとして最も適切なものを，それぞれ1～4の中から1つ選び，その番号を書きなさい。

　ア．When Newton was born, how was he?
　　1. He was fine.
　　2. He was sick.
　　3. He was large.
　　4. He was strong.

　イ．Why did Newton tie a small paper lantern to a kite?
　　1. Because it was very cold in the winter morning.
　　2. Because he wanted to see the kite in the night sky.
　　3. Because the people in the village talked about it a lot.
　　4. Because his mother thought the strong wind would break the fences.

　ウ．Why was Newton jumping off the fence again and again?
　　1. Because he was trying to break the fence.
　　2. Because he was trying to find his mother.
　　3. Because he was asked to do so by his mother.
　　4. Because he was interested in the strong wind.

　エ．When did Newton become a college student?
　　1. In 1642.
　　2. In 1655.
　　3. In 1661.
　　4. In 1727.

(2) 次のア〜ウの英文に続けるのに最も適切なものを，それぞれ1〜4の中から1つ選び，その番号を書きなさい。

ア．The people in the village thought that Newton had a strange idea

1. when he walked to school.
2. when he made a wooden clock.
3. when he played with a flying light.
4. when he was born on December 25, 1642.

イ．When Newton was 12 years old,

1. he became a college student.
2. he began to go to a different school.
3. he worked at his farm and did not go to school.
4. he studied hard and his school record was very good.

ウ．Newton knew the secrets of nature

1. because he never stopped thinking about his own questions.
2. because he was very popular among the people in his village.
3. because he knew that other people thought his ideas were strange.
4. because he was always making things and never studied at college.

(3) 次の英文が本文の内容と合うように，①〜④に入る最も適切な語を，下の語群の中から，それぞれ1語ずつ選んで書きなさい。

Newton grew up on a farm. He was a quiet boy and liked making things very much. He had good ① and made a wooden clock.

Sometimes it was ② for the people in his village to understand his ideas. He tied a lantern to a kite. When there was a strong wind and his mother was ③ about the fences, he went out and started jumping off the fence.

When he was a college student, he read many books about science and thought about the secrets of nature. He was ④ studying during his life.

| 語群 | kite　never　skills　went　hard　always　quiet　worried |

13 　　　　　　　　　　　　　　　　　　　　　　　　　　　　奈良県

次の文を読んで，各問いに答えよ。

① *Nancy* : (A)There are a lot of fish. (B)(ア How　イ What　ウ Why) beautiful !
② *Hiromi*: Different kinds of fish are swimming together in a big water tank.
③ *Kenji* : (C)The way of showing fish in this room is different. In the other rooms, one kind of fish is shown in each water tank.
④ *Hiromi*: I see. We can enjoy watching a part of the fish world at this aquarium. I think it's difficult to keep the water clean in such a big water tank.
⑤ *Kenji* : I'm sure a good machine is used to clean the water.
⑥ *Nancy* : (D)A big fish is swimming slowly to us. What is it ?
⑦ *Kenji* : Here is an explanation. The fish is (E)(ア calling　イ to call　ウ called) *Jimbei-zame* in Japanese. It's the biggest of all kinds of fish in the world.
⑧ *Hiromi*: Look ! That fish over there is swimming like a bird. Some kinds of fish are swimming in a group. We can learn how fish live in the water, can't we ?
⑨ *Kenji* : Yes. I hear studying about fish is also important work at aquariums. People working at aquariums try hard to preserve the fish which are decreasing in rivers or seas.
⑩ *Nancy* : Really ? I didn't know about such work at aquariums.
⑪ *Hiromi*: We can have fun and learn a lot at this aquarium.
⑫ *Kenji* : (F)That's right.

　（注）　water tank 水そう　　aquarium 水族館　　explanation 説明
　　　　in a group 群れをなして　　preserve 保護する　　decrease 減少する

(1)　下線部(A)を日本語に直せ。
(2)　(B)，(E)の（　）内のア～ウから，適するものをそれぞれ1つずつ選び，その記号を書け。
(3)　下線部(C)の内容が具体的に分かるように，日本語で説明せよ。
(4)　下線部(D)を参考にして，「その少女は，駅の方へ走っていました。」という日本文を英文に直せ。
(5)　本文の内容と合っているものを，次のア～エから1つ選び，その記号を書け。
　ア．Hiromi and her friends are talking about the aquarium which they visited last month.
　イ．A *Jimbei-zame* is swimming in a big water tank and it is the biggest kind of fish.
　ウ．There are some kinds of fish that are swimming like birds in a big water tank.
　エ．Kenji doesn't know about the work at aquariums and asks Nancy about it.
(6)　下線部(F)において，that が指している内容を日本語で書け。

14 ─────────────────────────── 神奈川県

ゆみ子 (**Yumiko**) は，授業でノルウェー (**Norway**) からの留学生ニーナ (**Nina**) がおこなったスピーチのことを話題にしながら夕飯を食べている。食卓には，鯖 (**mackerel**) やサラダ (**salad**) などが並んでいる。次の文を読んで，あとの(ア)～(ク)の各問いに答えなさい。

① "My friend Nina talked about her country in English today," Yumiko said to her father. ② "I learned that Norway means 'the way to the north'. Did you know Norway is as big as Japan?" asked Yumiko. ③ "No, I didn't know that. Then, (1)(　　　)" ④ "About 4,300,000. And I know that about 4,600,000 people are living in Yokohama and Kawasaki," said Yumiko. ⑤ "That's interesting," her father said, ⑥ "Norway is a long and *narrow country (2)(　　) Japan, isn't it? I've heard that in *northern Norway winter is very long. It's very (3)(　　). There are not many big trees there." ⑦ Yumiko said, " あ Nina is from northern Norway. ⑧ So (4)it is very hard for her to spend summer in Japan. ⑨ It's too hot and *humid. ⑩ But in *southern Norway, it is (5)(　　) in summer and people enjoy swimming in the sea."
⑪ Her father smiled and said, " い You learned a lot of things about Norway, didn't you? ⑫ Oh, look at the things on the table. ⑬ There is one thing from Norway. ⑭ Do you know what it is?" ⑮ Yumiko looked (6)(　　) the answer. ⑯ There were mackerel, salad and some other things. ⑰ Her father waited for some time, and then said, "O.K. I'll help you. ⑱ We get it from the sea." ⑲ "The sea? Is the answer mackerel?" ⑳ "Yes. It's from Norway. ㉑ I learned it at the store," her father said. ㉒ "Really? We can see the world on the table!" said Yumiko.

(注)　narrow せまい　　northern 北の　　humid 湿気の多い　　southern 南の

(ア) ──線(1)の (　　) の中に入れるのに最も適する文を次の中から1つ選び，その番号を書きなさい。

1. how many countries are there in the world?
2. how large is the mackerel?
3. how large is Norway?
4. how many people are there in Norway?

(イ) ──線(2)の (　　) の中に入れるのに最も適する語を次の中から1つ選び，その番号を書きなさい。

1. in　　2. like　　3. among　　4. of

(ウ) ──線(3)と──線(5)の（　）の中に入れる語の最も適する組み合わせを次の中から1つ選び，その番号を書きなさい。
1. (3)　cold　　　(5)　colder
2. (3)　cold　　　(5)　warm
3. (3)　warm　　 (5)　cold
4. (3)　warm　　 (5)　warmer

(エ) ──線(4)の理由として最も適するものを次の中から1つ選び，その番号を書きなさい。
1. ノルウェー北部より，日本は暑くて湿気があるから。
2. ノルウェー南部では夏には海水浴ができるから。
3. ノルウェー北部には高い木がないから。
4. ノルウェー南部は日本と同じように暑いから。

(オ) ──線(6)の（　）の中に入れるのに最も適する語を次の中から1つ選び，その番号を書きなさい。
1. to　　2. of　　3. for　　4. on

(カ) 次の文は文中の　あ　と　い　のどちらに入れるのが適切か。その記号を書きなさい。
Nina said the same thing, too.

(キ) Norway は何を意味すると文中で説明しているか。次の中から1つ選び，その番号を書きなさい。
1. 北国
2. 北の大木
3. 北の海
4. 北への道

(ク) 本文の内容と一致するものを次の中から2つ選び，その番号を書きなさい。
1. Norway is as big as Yokohama.
2. Nina is from Norway, and she can speak English.
3. No mackerel in Japan are from Norway.
4. Yumiko lived with Nina in northern Norway.
5. In some places in Norway, people can swim in the sea in summer.

15 埼玉県

次の文章は，高校生の Keiko が授業で行うスピーチにそなえて書いたものです。これを読んで，問1～問5に答えなさい。

(第1段落)

Hello, everyone. I have a friend from Peru. Her name is Carmen. I have learned a lot of things through my friendship with her. Today, I'm going to speak about some of them.

(第2段落)

Can we communicate with people from other countries without using words? Yes, we can. Carmen and I did not know what to do when we first met ①(　　　) Carmen did not speak Japanese and I did not speak Spanish. So we used gestures and pictures to communicate. They were very useful.

(第3段落)

What is important for better communication? I think it is important to learn a foreign language. I taugth her Japanese and she taught me Spanish to understand each other better. So I can speak Spanish a little. Now, I would like to introduce an interesting word to you. What does the Spanish word ②*casa* mean? It's not a thing we use when it rains. It means a house. Isn't it interesting?

(第4段落)

Do you have a dream for the future? Carmen always said, "Having a dream is important." One day when she came to my house, she said, "In the world there are a lot of children who do not have enough food. Also a lot of children cannot go to school because they must work for their families. I really want to help ③<u>those children</u>."

(第5段落)

Thanks to Carmen, I have learned the importance of communication, foreign languages, and having a dream. In the future, I want to study Spanish so that Carmen and I can communicate better. Also, I want to teach Spanish to Japanese students.

Thank you.

(注) Peru ペルー（南米にある国で，人々はスペイン語を話す）　Carmen カルメン（女の子の名前）　friendship つきあい　communicate with～ ～とコミュニケーションをはかる　Spanish スペイン語，スペイン語の　gestures 身振り　communication コミュニケーション　*casa*「カサ」と発音するスペイン語　dream 夢　future 将来　Thanks to ～ ～のおかげで　importance 重要性　so that—can～ —が～できるように

問1　下線部①の（　）の中に入る最も適当な語を，次のア～エの中から１つ選び，その記号を書きなさい。
　ア．after
　イ．because
　ウ．but
　エ．if

問2　次の英語の質問の答えとして最も適当なものを，下のア～エの中から１つ選び，その記号を書きなさい。
　What was useful for Keiko and Carmen to communicate when they first met?
　ア．Foreign languages.
　イ．Spanish and Japanese.
　ウ．Gestures and pictrues.
　エ．Their dreams.

問3　下線部②の *casa* に相当する英語を本文中から１語抜き出し，書きなさい。

問4　下線部③の those children は，どのような子どもたちですか。日本語で具体的に書きなさい。

問5　本文の内容と合うものを，次のア～エの中から１つ選び，その記号を書きなさい。
　ア．Keiko and Carmen taught each other their own languages.
　イ．Keiko learned Spanish from her school teacher.
　ウ．Keiko heard about Carmen's dream when she went to Carmen's house.
　エ．Keiko and Carmen have never thought of their dreams for the future.

16 長崎県

次の英文を読んで，後の問いに答えなさい。なお，後の注を参考にしなさい。

(第1段落)

Many people come to Nagasaki every year. They think it is a very good place to visit. And it really is. There are a lot of famous places and interesting things to see in Nagasaki. But we, the people who live in Nagasaki, sometimes don't know much about (a)them. So sometimes it is not easy for us to introduce Nagasaki.

(第2段落)

Masao is a high school student in Nagasaki. He has a friend in America. Her name is Julie. They often write letters to each other, but they haven't met yet.

(第3段落)

One day, she called him and said, "I will visit Japan with my family this summer. This will be my first visit to Japan, and I want to see you in Nagasaki." At first he couldn't understand her because she spoke English very fast. So he asked her to speak slowly and at last he could understand her. During their talk she said, "Will you show me around Nagasaki?" "Yes, of course," Masao said. They enjoyed talking very much.

(第4段落)

Now (1)he had to think where he should take her. He thought, "Maybe she wants to know about the A-bomb, so I will take her to Peace Park, because I know something about it. What food does she like? Dose she like *champon*? Maybe she will like it. Are there any other things that I can show her in Nagasaki?" Then, he realized he did not know much about Nagasaki, and thought, "Julie is going to ask me many questions about Nagasaki, but I don't think (b)(　　　)."

(第5段落)

Masao talked to his mother about it. She thought, (2)"It will be better for him to learn about Nagasaki by reading books which introduce it." So, she said, "Don't worry. Go to the library and try to find books about Nagasaki." "That's a good idea! Thank you, Mother," he said.

(第6段落)

The next day, he went to the library to find the books. There he found some books which are useful for (c)people like Masao. He finished reading them after a few days. Then he went around Nagasaki to visit famous places which were introduced in the books. After that, he realized, "Nagasaki is a wonderful city: the people are nice and kind, there are a lot of historic places, and we can enjoy the blue sky and the beautiful sea." Now he thought (d)<u>he was ready</u>. He also thought, "I hope my English will be better by teaching Julie about Nagasaki."

(第7段落)

The day came. He went to Nagasaki Station to meet Julie. The train arrived. He looked at a picture of Julie in his hand again and again and waited. At last Julie came out. It wasn't difficult for him to find her. "Hi, Julie. Welcome to my home town, Nagasaki," said Masao with a big smile. "I will show you around Nagasaki. Where do you want me to take you first?"

(注)　At first 最初は　　show〜around… 〜に…を案内する　　A-bomb 原子爆弾
　　　Peace Park 平和公園　　*champon* チャンポン　　realized〜 〜ということが分かった
　　　historic 歴史的に有名な　　Welcome to〜 ようこそ〜へいらっしゃいました

問1　下線部(a)を具体的に説明しているものはどれか。次のア〜エの中から最も適当なものを1つ選んで，その記号を書け。
　ア．長崎を毎年訪れる多くの観光客
　イ．長崎に住んでいる人々
　ウ．長崎の名所や催し物，展示物など
　エ．長崎の人々が興味をもっている事柄

問2　下線部(b)の空所に入れるのに最も適当なものはどれか。次のア〜エの中から1つ選んで，その記号を書け。
　ア．there are many things which I can show her
　イ．I can answer them very well
　ウ．Mother knows very much about Nagasaki
　エ．she will ask me many questions

問3　下線部(c)は具体的にはどのような人か。次のア〜エの中から最も適当なものを1つ選んで，その記号を書け。
　ア．people who visit Nagasaki
　イ．people who have friends in America
　ウ．people who like Masao very much
　エ．people who want to know about Nagasaki

問4　下線部(d)における正夫（Masao）の気持ちを最もよく表しているものはどれか。次のア〜エの中から1つ選んで，その記号を書け。
　ア．"I can speak English very well."

イ．"I can show Julie around Nagasaki."
ウ．"I will introduce Julie to my family."
エ．"I will start studying about Nagasaki."

問5　本文の内容と一致するものを，次のア〜カの中から2つ選んで，その記号を書け。
ア．Everyone who visits Nagasaki knows better about it than the people who live there.
イ．When Julie called Masao, she didn't need to speak slowly.
ウ．The books which Masao found at the library taught him a lot about Nagasaki.
エ．Masao was happy to know that Julie liked Japanese food very much.
オ．Masao's mother told him to study English hard before Julie came to Nagasaki.
カ．It was easy for Masao to find Julie at the station because he knew her face.

問6　本文の内容とともに次のようなまとめをした場合，文中の下線部(ア)，(イ)の空所にどのような語を入れたらよいか。それぞれ最も適当と思う1語を書け。

　　Julie asked Masao to show her around Nagasaki. He thought it was (ア)(　　　　) for him to do so, because he didn't know much about Nagasaki. So he read some books and visited famous places before seeing her. Then he thought, "I've learned enough, and teaching Julie about Nagasaki will (イ)(　　　　) my English better."

問7　下線部(1)と(2)をそれぞれ日本語に直せ。

17 　　　　　　　　　　　　　　　　　　　　　　静岡県

次の英文は，日本のある町に住む中学生の正夫（**Masao**）がおこなった活動についての話である。この英文を読んで，(1)～(6)の問いに答えなさい。

(第1段落)

　Masao was in the science club at school. In May, the club students needed some medaka for a science study. The club teacher asked them to bring some medaka if they could catch the fish.

(第2段落)

　Masao told his father about it. His father said, "I think it's easy to find medaka. Let's go and catch some." Masao and his father looked into the small river near their house, but found no medaka. Then they went to another river far from their house. They tried hard and ⓐ(catch) the fish, but only a few. Masao said, "It's difficult to find medaka." His father said, "Years ago we saw a lot in rivers, but now we don't."

(第3段落)

　The other students in the club couldn't find any medaka. The club students understood that the number of the fish was getting really small.

(第4段落)

　After the study of medaka, Masao said, "We've seen few medaka around here. Why don't we have more medaka by keeping them in our school?" The club teacher said "We may be able to build a small pond in our school garden." The club students studied the way of making a good pond for medaka.

(第5段落)

　The club students began to work together. They carried some sand and stones into the pond and brought a lot of water plants. At last they finished making their new pond. Then the students' medaka were ⓑ(give) a new home.

(第6段落)

　Two months passed. One day in July, the club students looked at the pond. "The water plants have many eggs from our medaka!" said one of the students. Another student saw a big dragonfly near the pond. It was a new kind around there. The club students watched carefully and knew that many small animals were living in and around the pond. The teacher said, "The pond is now a place which is full of nature." Masao said, "If each of us has a small place for small animals, they will be back around us, won't they?" After hearing his words, the teacher and the other students told Masao, "You've said a good thing."

(注) medaka メダカ   pond 池   sand 砂   stone(s) 石   water plant(s) 水草
    dragonfly トンボ   nature 自然

(1) ⓐ, ⓑの（ ）の中の語を適切な形に直しなさい。

(2) 次の①，②の質問に対して，本文の内容と合う答えを英語で書きなさい。
   ① Did Masao and his father catch any medaka in the river near their house?
   ② What did the club students find in the pond one day in July?

(3) 正夫と部員たちは，先生から池の話を聞き，あることを調べた。調べたことを日本語で書きなさい。

(4) 次の英文は，科学部の活動をとり上げた校内英字新聞の記事の一部である。本文の内容と合う英文になるように，（   ）の中に3語以内の適切な英語を補いなさい。

   The science club did a good job! The club students made a new pond. Why? There were few medaka around us. And they hoped to (   ) in their pond. Now the pond is a place which is full of nature.

(5) 次のア〜エを，本文の内容の順に並べかえ，記号で答えなさい。
   ア．A big dragonfly was seen near the medaka's pond in July.
   イ．The club students knew that the number of medaka was getting small.
   ウ．The teacher asked the club students to bring some medaka if they could.
   エ．To make the pond, the club students brought a lot of water plants.

(6) 下線部は具体的にどのようなことか。その内容を日本語で書きなさい。

18 　　　　　　　　　　　　　　　　　　　　　　　　　　　　鳥取県

ある少年とその兄 Nick は，「母の日」にお母さんに贈り物をすることに決めました。次の英文を読んで各問いに答えなさい。

（第1段落）

When we were talking about presents, Nick said, "We should not tell each other what we will buy." I didn't like ①this idea and said, "We may get the same thing." He didn't listen to me. So after thinking and thinking, I decided to buy a *comb for my mother.

（第2段落）

On the morning of Mother's Day, my mother started cleaning the floor. Nick and I ran to get our presents. When we came back, Mother was *on her knees and she was cleaning the floor with a *brush. She looked very tired. ②It was (all, she, at, didn't, a job, like).

（第3段落）

Nick showed his presents to her. "Happy Mother's Day!" he said. Mother said nothing for a minute. Then she said, "Well... thank you, Nick. A nice *pail with a wringer and a mop." She quickly started cleaning the floor again with the brush. She didn't look happy.

（第4段落）

Tears came out of Nick's eyes. He picked up the pail and mop. He ran out of the house with them. I put the comb in my pocket. I ran after him. He was crying. I felt so sad that I began to cry, too.

（第5段落）

Father also came out of the house. He knew everything but asked us, "What happened to you?"

　③"I will take this pail and mop back to the shop!" cried Nick.

　"No," said Father. He took the pail and mop.

（第6段落）

"Your mother is too tired to know these are fine presents. These will make her work easier. But ④you can make your presents more wonderful. Come with me."

（第7段落）

We all went into the house. Mother was still cleaning the floor with the brush, but not very hard. Father went up to her and said, "This pail and mop are just a part of Nick's presents. He is going to clean the floor from now." He looked at Nick. ⑤"Isn't that so, Nick?"

"Yes, oh, yes," said Nick.

(第8段落)

Mother felt sorry. She said, "Sorry, Nick. I didn't know you would help me, but this work is too hard for you." "Ah," Father said, "not so hard if he uses his wonderful presents." Father showed (⑥). Mother said to Nick, "Thank you, Nick. You are a kind son." She kissed Nick and smiled.

(第9段落)

Then she turned to me and asked, "(⑦)?" I touched the comb in my pocket. I said, "I'm going to clean the floor with Nick."

(注) comb くし　　on her knees ひざをついて　　brush (掃除用の) ブラシ
　　 pail with a wringer and a mop しぼり機付きのバケツとモップ

問1. 本文の内容と一致するもの，または本文の内容から読みとれるものを次のア〜カから2つ選んで，記号で答えなさい。
　ア．Nick は弟の買った贈り物が何か知っていた。
　イ．お父さんには Nick の買った贈り物のよさがわかっていた。
　ウ．お父さんもお母さんに贈り物をあげた。
　エ．お母さんは Nick の買った贈り物を実際に使ってみた。
　オ．少年は自分の買った贈り物をお母さんに渡さなかった。
　カ．少年は初めから Nick を手伝うつもりだった。

問2. 下線部①はどういう考えですか。日本語で説明しなさい。

問3. 下線部②が「それは彼女が大嫌いな仕事だった。」という意味の英文になるように，(　　)の中の語句を正しく並べかえて書きなさい。

問4. Nickが下線部③のように言ったのはなぜですか。その理由を次のア〜エから1つ選んで，記号で答えなさい。
　ア．お母さんに自分の贈り物が気に入ってもらえなかったから
　イ．お母さんは自分の贈り物より弟の贈り物を気に入ったから
　ウ．自分の贈り物が弟が考えていたものと同じだったから
　エ．自分の贈り物が他の店ではもっと安く買えると言われたから

問5. お父さんは下線部④のように言っていますが，Nick はそうするためにどんなことをしたらよいでしょうか。日本語で説明しなさい。

問6. お父さんは下線部⑤を，どのような気持ちで言ったのでしょうか。次のア〜エから1つ選んで，記号で答えなさい。
　ア．Nick をしかる気持ち
　イ．Nick をほめる気持ち
　ウ．Nick に同情する気持ち
　エ．Nick に助言する気持ち

問7. 文中の（　⑥　）にあてはまる最も適当なものを次のア〜エから1つ選んで，記号で答えなさい。
　ア．what to buy
　イ．where to put them
　ウ．when to help
　エ．how to use them

問8. 文中の（　⑦　）に入る英文を，話の流れから判断して一文で書きなさい。

19 ──────────── 富山県

次の文は，中学生の美紀さんと ALT のセーラ（Sara）先生との会話です。これを読んであとの問いに答えなさい。

① Sara: Did you have a nice holiday, Miki?
② Miki: Yes, I did. I enjoyed (1)(cook) with my mother. I was happy because my family liked everything that I made. How about you, Sara?
③ Sara: I was very busy. I *practiced rock music with other ALTs in this city.
④ Miki: With other ALTs? Will you have a concert?
⑤ Sara: Not a concert. We are going to have a *charity show next Saturday. It was a *rehearsal for the show.
⑥ Miki: I see. How many ALTs will join the show?
⑦ Sara: About twenty. There will be rock music, songs, *dances, and games. We sell *tickets and the money will be used for *people with special needs.
⑧ Miki: ((2)) Do you have such a show every year?
⑨ Sara: Yes, we do. This is the eighth charity show. Seven years ago, we had the charity show for the first time.
⑩ Miki: Oh, it has a long history. (3)〔do / how / it / know / started / you〕?
⑪ Sara: Yes. Some ALTs wanted to do something for people in this city because the people were always kind to ALTs. So the ALTs invited the people and had (4)a small show. It has become the charity show for people with special needs. Now we have the show every year.
⑫ Miki: That's great. I'm glad to know about it.
⑬ Sara: Miki, 　　(5)　　
⑭ Miki: Sure. Please tell me when and where to go.
⑮ Sara: There will be two shows at the *Daiichi Theater. The first show will start at two in the afternoon and the second (6)show, at six-thirty.
⑯ Miki: O.K. I will see the first one with my family.
⑰ Sara: Good. I hope you will have a good time.

（注） *practice 練習する　*charity show チャリティーショー　*rehearsal リハーサル
　*dance 踊り　*ticket 入場券　*people with special needs 恵まれない人々
　*Daiichi Theater 第一劇場

(1) 下線部(1)の（　）内の cook を正しい形にして書きなさい。

(2) （(2)）にもっとも適するものを，次のア〜エから１つ選び，記号を答えなさい。
　ア．I'm sorry.
　イ．How nice!
　ウ．What do you need?
　エ．How much is it?

(3) 下線部(3)の〔　〕内の語を並べかえて，正しい英文にしなさい。ただし，文頭にくる語も小文字で示してあります。

(4) セーラ先生は，下線部(4)の a small show が，ALT たちのどのような思いから開催されたといっていますか。日本語で書きなさい。

(5) 対話が自然な流れになるように (5) に２語以上の英語を書きなさい。

(6) 下線部(6)の show のあとに省略されている語句を英語で書きなさい。

(7) 次の@〜©の各英文が本文の内容と合うように，（　）にそれぞれ適する２語以上の英語の語句を，本文中からぬきだして書きなさい。
　@　On the holiday, Sara was (　　　) because she practiced rock music for the charity show.
　ⓑ　(　　　) have passed since ALTs in this city had the first charity show.
　©　Miki is going to see the show which will begin at (　　　) next Saturday.

20 東京都

次の文章を読んで，あとの各問に答えよ。（*印の単語・語句には，後に〔注〕がある。）

① When I was a little boy, I really liked my older brother, Tom. ② He was the best *pitcher on his baseball team, the Dreams. ③ I always *played catch with Tom. ④ He *threw so fast that I couldn't often catch the ball. ⑤ He always asked me, "Have you had enough yet, Mark?" ⑥ But I said I wanted to play more. ⑦ I wanted to be a good player like Tom.

⑧ When I was ten years old, I joined a team, the Stars. ⑨ I didn't join the Dreams because my friends on the Stars wanted me to join them. ⑩ I practiced very hard with my team every Saturday afternoon. ⑪ The next summer came. ⑫ My team was going to *play against the Dreams. ⑬ I thought, "I want to hit Tom's *fastball, but it will be too fast for me to hit." ⑭ I practiced hitting fastballs harder than before. ⑮ I talked with Tom about the game. He said, (1)"With my fastball, my team is going to win."

⑯ One Saturday afternoon we had the game. ⑰ It began at 1 : 00. ⑱ Mother came to watch us. ⑲ No one could hit Tom's fastball. ⑳ The game was comming to its end. ㉑ My last chance came. ㉒ I had to hit his fastball.

㉓ "*Strike one," called the *umpire. ㉔ "Oh, that's fast!" I thought. ㉕ Tom looked great.

㉖ He threw again, but I couldn't hit that one, either. ㉗ "Hit the next ball, Mark," the players on my team shouted. ㉘ I thought, "How can I do that? ㉙ No one has hit his fastball since the game began. ㉚ But I have to hit it for our team."

㉛ Tom threw again. ㉜ It was another fastball. ㉝ I kept my eyes on it. ㉞ This time I was able to hit it! ㉟ I watched the ball in the sky and started to run. ㊱ A player on the Dreams ran fast to try to catch it, but he couldn't. ㊲ I was *safe! ㊳ Everyone on my team shouted, ㊴ "You did it!" ㊵ I was very happy. ㊶ But when I saw Tom, I couldn't be happy any more. ㊷ He was watching me. ㊸ He didn't look happy.

㊹ The next player on my team didn't hit Tom's fastball. ㊺ That was the end of the game. ㊻ The Dreams won.

㊼ After the game I went to Tom, but I didn't know what to say to him. ㊽ He said to me with a smile, "You hit my fastball very well." ㊾ I said, "Thank you." ㊿ Tom said to me, "You hit my fastball today, but next time it will be much faster. O.K.?" (51) I answered him with a smile, "Yes. I'll practice much harder, Tom." (52) Mother listened to us and said, (2)"Tom and Mark, you both did a very good job." (53) She looked very happy.

㊾ We began to walk home.
 (注) pitcher 投手   play catch キャッチボールをする   threw 投げた
     play against～ ～と対戦する   fastball 速球   strike one ワン・ストライク
     umpire 審判員   safe セーフの

問1　⑴With my fastball, my team is going to win. とあるが，このときの Tom の考えを，次のように書き表すとすれば，□の中に下のどれを入れるのがよいか。
　　My team is going to win □．
　ア．because you didn't practice hitting fastballs
　イ．because you can't catch my fastball
　ウ．because no one can hit my fastball
　エ．because I can catch fastballs

問2　⑵Tom and Mark, you both did a very good job. の内容を，次のように書き表すとすれば，□の中にどのような1語を入れるのがよいか。
　　Tom, your team was able to win the □． Mark, you were able to hit Tom's fastball.

問3　次の⑴～⑶の英語の文を，本文の内容と合うように完成するには，□の中に，それぞれ下のどれを入れるのがよいか。
　⑴ When Mark was a little boy, □．
　　ア．he didn't like Tom
　　イ．he always played catch with Tom
　　ウ．he didn't want to be a good player like Tom
　　エ．he was very good at catching Tom's fastball
　⑵ □, he didn't look happy.
　　ア．Because Tom's team finally lost the game
　　イ．Because Tom's mother didn't watch the game
　　ウ．Because Tom's fastball was easy for the Stars to hit
　　エ．Because Tom's fastball was hit near the end of the game
　⑶ When Mark went to Tom after the game, □．
　　ア．Tom said nothing to Mark
　　イ．Tom was too angry to talk to Mark
　　ウ．he couldn't think of any words to say to Tom
　　エ．he said he didn't want to play against Tom's team again

問4　次の質問に英語で答えよ。
　⑴ Why did Mark join a baseball team which was different from Tom's?
　⑵ Was Mark the only player to hit Tom's fastball in the game?

21 ━━━━━━━━━━━━━━━━━━━━━━━━━━━ 東京都

次の対話の文章を読んで，あとの各問に答えよ。

（＊印のついている単語・語句には，本文の後に〔注〕がある。）

① *Yukari, Megumi, Hiroshi, and Ken are in the English Club at Miyako Junior High School in Tokyo. Every Friday they have club *activities. This Friday they're going to have a group *discussion about how to spend *weekends.*

② Yukari : Now, friends. Let's begin to talk in English. First, Megumi, your *opinion, please.

③ Megumi: Yes. I think we should help our *community. I help my community by cleaning streets in my town on Sunday mornings.

④ Yukari : I see. That sounds great! Whose *turn is it, next? Oh, yes. Are you ready, Ken?

⑤ Ken: Yes. I believe it's important to do things we cannot do at school. On school days, I don't have much time to talk to my parents. But on weekends, I tell them about my school life, and we share time together.

⑥ Yukari : That's important, too. (1)<u>Hiroshi, it's your turn.</u>

⑦ Hiroshi : Well, let me see.... My opinion is different. We study too much every day, and we are tired, so we should just *rest. I think that's important. I usually sleep and watch TV.

⑧ Yukari : Hiroshi says resting is important. What do you think about that?

⑨ Megumi: I don't *agree with you, Hiroshi. Of course, we can rest on weekends. But we should do something important for other people, too.

⑩ Hiroshi : Are you saying I should do some volunteer work on weekends?

⑪ Megumi: No. I'm not saying that. I just don't think your way of spending time is good.

⑫ Hiroshi : (2)<u>But, I'm so tired!</u>

⑬ Ken: Of course, I sometimes feel I want to be free from my busy world and just rest, too....

⑭ Hiroshi : Thank you, Ken. You agree with me. I'm glad.

⑮ Ken: I haven't finished, Hiroshi. You can rest, or just watch TV. But there must be something more important.

⑯ Megumi: That's my opinion, too Hiroshi.

⑰ Yukari : (3)<u>Thank you, friends.</u> We have many different opinions. Let's try to think of something more important, something that we can all agree with.

⑱ *Yukari gives them a few minutes to think.*

⑲ *Yukari* : O.K., now. (4)Anyone?

⑳ *Ken:* I think making a plan for each weekend is important. A weekend without a plan doesn't mean anything.

㉑ *Yukari* : Thank you, Ken. Making a weekend useful with a plan. That's Ken's opinion.

㉒ *Ken:* Yes. That's right.

㉓ *Megumi:* (5)I agree with you, Ken.

㉔ *Hiroshi* : Well, I've never made a weekend plan before. Maybe I'll start now.

㉕ *Yukari* : Good. I hear we'll have more free Saturdays in the near future. That means we'll have more free time. Let's use our free time better with our own plans. Thank you, friends. That's all for our discussion today.

　（注）　activity 活動　　discussion 討論　　weekend 週末　　opinion 意見
　　　　　community 地域社会　　turn 順番　　rest 休む　　agree with～ ～に賛成する

問1　(1)Hiroshi, it's your turn. の内容を，次のように語句を補って書き表すとすれば，□の中に下のどれを入れるのがよいか。

　　Hiroshi, it's your turn to □.

　ア．decide　　イ．hear　　ウ．speak　　エ．think

問2　(2)But, I'm so tired! とあるが，このようにHiroshiが言った理由を，次のように語句を補って書き表すとすれば，□の中に下のどれを入れるのがよいか。

　　But, I'm so tired because □!

　ア．I watch TV

　イ．I talk to my parents

　ウ．I do club activities

　エ．I study too much every day

問3　(3)Thank you, friends. の内容を，次のように書き表すとすれば，□の中に下のどれを入れるのがよいか。

　　Thank you for □, friends.

　ア．believing me

　イ．asking questions

　ウ．giving your opinions

　エ．helping other people

問4　(4)Anyone? の内容を，次のように書き表すとすれば，☐の中に下のどれを入れるのがよいか。

　　It's time. Is there anyone ☐?

ア．who wants to rest at home

イ．who is ready to speak about that

ウ．who wants to have more school holidays

エ．who is ready to do some volunteer work

問5　(5)I agree with you, Ken. の内容を，次のように書き表すとすれば，☐の中にどのような1語を入れるのがよいか。

　　Ken, I think making a ☐ is important, too.

問6　次の(1), (2)は，この討論に登場した人物のうちの2人について述べている。だれのことを述べているか，それぞれ下の☐の中のア～エから1つずつ選べ。

(1)　the student who said resting was important

(2)　the student who said we should use our weekends for other people

　　　　ア　Hiroshi　　イ　Ken　　ウ　Yukari　　エ　Megumi

問7　次の英語の文は，それぞれ，Yukari の司会者としての主な発言をまとめたものである。Yukari が発言した順に，ア～エを並べかえよ。

ア．Yukari asked the group to begin to talk in English.

イ．Yukari asked the group to use their free time better.

ウ．Yukari asked the group to think of something more important.

エ．Yukari asked the group to tell their ideas about Hiroshi's opinion.

22 ────────────────────────────────── 滋賀県

次の，アメリカ人の Kent さんと中学生のたかしとの会話を読んで，後の 1〜7 の問いに答えなさい。

Mr. Kent has come from the United States. He will work with Takashi's father. He is invited to Takashi's home for two days. Mr. Kent and Takashi are talking in the living room.

① *Takashi:* Mr. Kent, dinner will be ready in half an hour. Will you take a bath before dinner?

② *Mr. Kent:* Yes, thank you. But, Takashi, you can call me Peter.

③ *Takashi:* It's not easy for me to call you by your first name, because (1)【much / you / older / than / are / I】.

④ *Mr. Kent:* It's O.K. I call you Takashi, so please call me Peter.

⑤ *Takashi:* Well, I'll try, Mr. Kent.

⑥ *Mr. Kent:* Oh, you called me Mr. Kent again! By the way, where is the bath?

⑦ *Takashi:* Shall I take you there?

⑧ *Mr. Kent:* (2)No, you don't have to. And you don't have to tell me how to use it, either. I learned it from a book.

⑨ *Takashi:* O.K. Go straight to the end of this hall and turn left, and you'll find it.

⑩ *Mr. Kent:* All right. I will see you later. (*After some time*)

⑪ *Mr. Kent:* Excuse me, Takashi. Someone is using the bath.

⑫ *Takashi:* ((3)   ) My mother and father are cooking in the kitchen. My sister is helping them. No one else is in the house.

⑬ *Mr. Kent:* But the door is not open!

⑭ *Takashi:* What's wrong?

⑮ *Mr. Kent:* Oh, I understand! I'm in Japan. Things are different! In my country, when we are not using a room, we usually keep the door open.

⑯ *Takashi:* Really? I didn't know (4)that. I should learn more about other countries.

⑰ *Mr. Kent:* No, (5)I should do so. I believed I knew a lot about life in Japan, but actually I didn't. But now, I am learning every minute. I am so excited. What will happen next?

⑱ *Takashi:* You will be late for dinner!

⑲ *Mr. Kent:* Oh, no! I forgot to take a bath, Takashi.

⑳ *Takashi:* Yes, you did, Peter!

㉑ *Mr. Kent:* Oh, Takashi, thank you for ((6)   )! Now we are friends, aren't we?

(注) take a bath ふろに入る　straight まっすぐに　hall 廊下　actually 実際には
excited わくわくする

1. (1)【　】内の語を，意味がとおるように並べかえなさい。

2. 下線部(2)にはどのような語が省略されているか。英語3語で答えなさい。
   No, you don't have to (　　　)(　　　)(　　　).

3. (　(3)　)に入れるのに適当なものを，ア～エから1つ選びなさい。
   ア．I think so.　　　イ．I don't think so.
   ウ．I know that.　　エ．I didn't know that.

4. 下線部(4)は具体的にはどのようなことか。日本語で説明しなさい。

5. 下線部(5)を Kent さんが言ったとき，どの語を一番強く発音したと考えられるか。ア～エから1つ選びなさい。

   <u>I</u> <u>should</u> <u>do</u> <u>so</u>.
   　ア　　イ　　ウ　　エ

6. (　(6)　)に入れるのに最も適当なものを，ア～エから1つ選びなさい。
   ア．listening to me
   イ．teaching me Japanese
   ウ．calling me Peter
   エ．showing me the bath

7. 次の文章は，本文の内容の一部を説明したものである。(A)～(D)に入れるのに適当なものを，下の□の中のア～クから選びなさい。

   　Mr. Kent came to work in Japan. Takashi's family invited him to their home. When Mr. Kent went to the bath, the door was (　A　). He thought that someone was using it. But actually there was (　B　) in the bath.
   　Mr. Kent and Takashi found that there were (　C　) ways of living. They (　D　) to learn more about cultures in other countries.
   　They enjoyed talking very much and became friends.

ア．the same	イ．no one	ウ．open	エ．closed
オ．something	カ．decided	キ．different	ク．believed

23 ──────────── 山形県

次の英文は，田中さん（Ms. Tanaka）が，旅行中のあるできごとについて書いたものです。これを読んで，あとの問いに答えなさい。

（第1段落）

My son and I decided to visit my daughter during the summer vacation. She was studying music at a college in America. It was our first visit to a foreign country.

（第2段落）

On the plane to America, my son got sick. When our plane arrived and we went out of the *airport building, it was already dark. It was raining, too. We looked for a *taxi and found one across the street. We ran in the rain and came to the car, but the *driver did not open the door. I remembered that taxi doors usually do not open *automatically in foreign countries. So I opened the door and said to the driver, "*Garden City, please."

（第3段落）

But ①he just looked at me without saying anything. "American taxi drivers aren't kind," I thought. It started to rain hard, so I said to him again, "We want to go to Garden City. Can you hear me?" "You can take a bus over there," the man said at last. ⑦　A　⑦ and said, "My son is sick and we have big bags." But he said nothing. We could not wait, so we *got into the car with the bags. Then the car started to move.

（第4段落）

"Where are you from?" asked the man.

"We're from Japan," I answered.

②"(you / how / going / are / stay / to) in America?"

"For two weeks."

"How old are you, boy?"

"Thirteen," said my son. He was feeling a little better.

（第5段落）

The man asked us some more questions in the car. "He is strange," I thought.

Just before we arrived, he asked another question.

"Do you often use a *police car when you're sick in Japan, too?"

（第6段落）

③I could not believe my ears, but my son said happily, "Great! This is my first time to ride in a police car!" "I hope you'll get well soon and have a good time in America," said the man. ④I found I was wrong, but could not say anything then.

When we arrived, I said to him, "I'm so sorry and thank you so much. I'll never forget you."

(注) airport 空港　　taxi タクシー　　driver 運転手　　automatically 自動的に
Garden City ガーデンシティ（地名）　　got into〜 〜に乗り込んだ　　police car パトロールカー

1. 次の問いに英語で答えなさい。
   (1) What was Ms. Tanaka's daughter doing in America?
   (2) Who got sick on the plane?
   (3) How was the weather when the plane arrived at the airport?

2. 本文の内容に合うものを，次のア〜オから2つ選び，記号で答えなさい。
   ア．Ms. Tanaka went to America with her son to see her daughter.
   イ．The man opened the door of the car for Ms. Tanaka and her son.
   ウ．Ms. Tanaka and her son took a bus from the airport to Garden City.
   エ．The man did not ask any questions before he started to drive the car.
   オ．Ms. Tanaka's son was happy to ride in an American taxi.

3. 下線部①のときの運転手の気持ちを，最もよく表しているものを，次のア〜エから1つ選び，記号で答えなさい。
   ア．I'm a taxi driver, so I have to be kind to them.
   イ．This bus doesn't go to Garden City. They should take a taxi.
   ウ．What? Do they want to go to Garden City in this car?
   エ．Do they want me to speak Japanese? What shall I do?

4. 本文の　A　に最も適するものを，次のア〜エから1つ選び，記号で答えなさい。
   ア．I was happy
   イ．I got angry
   ウ．I got well
   エ．I was free

5. 下線部②について，（　　）内の語を並べかえ，不足している英単語を1つ補って，本文の内容に合う正しい英文を完成させなさい。

6. 田中さんが下線部③のようになったのは，どんなことに気づいたからですか。日本語で具体的に書きなさい。

7. 次の英文は，下線部④のときの田中さんの気持ちを具体的に説明したものです。（Ⅰ），
（Ⅱ）に最も適するものを，あとのア〜カからそれぞれ１つずつ選び，記号で答えなさい。

　　When the man in the car asked us some questions, I thought he was （　Ⅰ　）. But I was wrong. Now I know he is （　Ⅱ　）.

　ア．a kind taxi driver
　イ．a strange taxi driver
　ウ．a kind bus driver
　エ．a strange bus driver
　オ．a kind police officer
　カ．a strange police officer

8. あなたがこれまで人に親切にしたことや，人から親切にしてもらったことについて，３文以上の英語で書きなさい。

24 愛媛県

次の英文を読んで，1〜7の問いに答えなさい。

(第1段落)

(A)Taro has practiced the village dance which has a history of more than 400 years. This dance was begun by the village people who hoped to have a rich harvest of rice. They also hoped that they could have happy days. The people in Taro's village have kept this dance (B) then. They have this dance in May every year.

(第2段落)

In the village some old men are trying to hand this dance down to the young people. Taro and other young people go to the shrine in the village once in a week and learn how to do the dance from the old men in the village. The dance is a wonderful part of the culture for the village people. It is important for them to learn the dance and hand it down to their children.

(第3段落)

In the shrine, (C)(ア teach　イ the old men　ウ how to the dance　エ Taro and other young people). The old men are strict. It is difficult for the young people to learn this dance. They can't do the dance well if they do not practice very hard. However, after practicing it, (D) and tell the young people about the village. Taro did not know many things about the village before. He has learned a lot about the history and the culture of the village from the old men. (E)One of the old men once said to Taro, "I enjoy teaching this dance and talking with young people like you. I have become old, but (F)I feel young again. This dance is a treasure of the village. (G)." Taro thinks that it is interesting to learn many things from the old men in the village.

(第4段落)

Every year many people come to the village to see this dance, and they are moved by it. It carries them back to the old days of the village. Taro feels proud of his village.

(注) dance 踊り　history 歴史　harvest 収穫　shrine 神社　part 部分
strict 厳しい　however しかしながら　treasure 宝物　proud 誇りとしている

1. (B)に当てはまる最も適当なものを，次のア〜エの中から1つ選び，その記号を書け。
   ア．before   イ．since   ウ．after   エ．from

2. 次の(1)，(2)の問いに答えよ。
   (1) (D)に当てはまる最も適当なものを，次のア〜エの中から1つ選び，その記号を書け。
      ア．the old men are very kind
      イ．the people who learn the dance are very kind
      ウ．the old men are wrong
      エ．the people who learn the dance are wrong
   (2) (G)に当てはまる最も適当なものを，次のア〜エの中から1つ選び，その記号を書け。
      ア．I want you to feel young
      イ．I want you to come to the village
      ウ．I want you to teach me the dance
      エ．I want you to hand it down to your children

3. (C)が，本文の流れに合うように，（   ）の中のア〜エを正しく並べかえて，左から順に記号を書け。

4. (E)の人物が，(F)のような気持ちになる理由として，最も適当なものを，次のア〜エの中から1つ選び，その記号を書け。
   ア．Because he is learning a lot about the village from the young people like Taro.
   イ．Because he is learning the village dance from the young people and is talking with them.
   ウ．Because he is teaching the village dance to the young people and is talking with them.
   エ．Because he is teaching the village dance to the young people from other villages.

5. (A)を，同じ内容になるように書きかえるとすると，次の文の（   ）の中にどんな語を入れたらよいか。本文中から最も適当な1語を選び，英文を完成せよ。
   Taro has practiced the village dance which is more than 400 years (   ).

6. 太郎(Taro)の村の踊りは，どのような願いを込めて始められたか。その願いを，日本語で2つ答えよ。

7. 次の(1)〜(3)の各英文を本文の内容と合うように完成させるとき，□に当てはまる最も適当なものを，それぞれア〜エの中から1つずつ選び，その記号を書け。

(1) When the old men teach the village dance, they are strict □.
   ア．because they want the young people to know about the shrine
   イ．because they want the young people to enjoy talking with them
   ウ．because they want the young people to keep the shrine which has a history of more than 400 years
   エ．because they want the young people to learn the dance which is a treasure of the village

(2) Taro knows a lot about the history and the culture of the village □.
   ア．because the old men taught him many things after practicing the dance
   イ．because the old men told him to practice the dance very hard
   ウ．because the village people visit the shrine in the village once in a week
   エ．because the village people go to other villages to see the dance every year

(3) Many people who see the village dance are moved and □.
   ア．feel proud of the village shrine
   イ．think about the old days of the village
   ウ．take the treasure of the village back to their children
   エ．want to learn the dance begun more than 400 years ago

25
奈良県

次の文を読んで，各問いに答えよ。

① Akira Kurosawa is known as a great film director in the world. ② He began to work in films in 1936. ③ He was 26 years old. ④ Kurosawa and Senkichi Taniguchi were good friends. ⑤ Both of them wanted to be film directors in the future. ⑥ Kurosawa learned how to make films from Kajiro Yamamoto who was a great director. ⑦ Yamamoto often said, "Scenarios are very important when we make films. ⑧ If you want to be a director, practice writing scenarios."

⑨ One day in 1938, Kurosawa visited Taniguchi who lived in one (1)small room. Kurosawa had nothing with him. ⑩ He said, "May I stay here tonight?" ⑪ (2)"OK," said Taniguchi. ⑫ Kurosawa began to live with Taniguchi in this way.

⑬ Taniguchi usually went to sleep (3)early, and Kurosawa wrote scenarios until late at night. ⑭ Kurosawa was poor and he couldn't buy new paper. ⑮ He wrote on the other side of used paper. ⑯ Taniguchi often said, "Turn off the light, please." ⑰ "OK," said Kurosawa. ⑱ He put a candle on the *tatami* and (4)he made the room dark by putting a few books around the candle. ⑲ Taniguchi thought that Kurosawa would become a good director someday.

⑳ In 1942 Kurosawa was asked to make his first film "Sugata Sanshiro." ㉑ It was a story of a man who practiced *judo*. ㉒ Kurosawa wrote the scenario for many days and brought it to Kajiro Yamamoto. ㉓ On that day Yamamoto got home late at night but he began to read it. ㉔ Sometimes he read the same parts again and again. ㉕ Kurosawa was sitting near him. ㉖ Kurosawa knew Yamamoto had to get up early the next day. ㉗ The room was very (5)quiet. ㉘ When Yamamoto finished reading the scenario and smiled at him, Kurosawa was very happy.

黒澤 明

㉙ When Kurosawa was making this film, he really understood (6)Yamamoto's words about scenarios. ㉚ This film was shown to the people the next year and welcomed very much. ㉛ In 1951 the film "Rashomon" made him very famous in the world. ㉜ The film was made in Kyoto and at Kasuga-okuyama in Nara. ㉝ It was difficult to understand the film, but it became the first Japanese film that got a great award in a foreign country. ㉞ He made 30 films in his life. ㉟ Many of them are known well in Japan and in other countries. ㊱ There are many great foreign directors who learned a lot from his films.

(注) film 映画，映画産業　　director 監督　　scenario 台本　　practice 練習する
　　　side 面　　turn off （電灯を）消す　　candle ろうそく　　award 賞

(1) 下線部(1), (3), (5)の語を，それぞれ日本語に直せ。

(2) 下線部(2)において，谷口はどのようなことに同意したのか。日本語で書け。

(3) 次の(a)～(c)の文が本文の内容と合うように，それぞれの（　　）に適する語を英語で書け。
　(a) One day in 1938 Kurosawa visited his (　　　) Taniguchi and began to live with him.
　(b) It was not (　　) to understand "Rashomon," but it got a great award in a foreign country.
　(c) Kurosawa's films are famous in the world and many great foreign directors (　　) very much from them.

(4) 黒澤明は，どのような目的で下線部(4)のようにしたのか。日本語で具体的に書け。

(5) 「姿三四郎」について，本文の内容と合っているものを，次のア～ウから1つ選び，その記号を書け。
　ア．Yamamoto told Kurosawa to make "Sugata Sanshiro," because Kurosawa practiced *judo*.
　イ．"Sugata Sanshiro" was Kurosawa's first film and he worked for many days to write the scenario.
　ウ．Yamamoto finished reading the scenario of "Sugata Sanshiro" and told Kurosawa to write another one.

(6) 黒澤明について，本文の内容と合っているものを，次のア～ウから1つ選び，その記号を書け。
　ア．Kurosawa came to Kyoto and Nara to make "Rashomon" that got a great award later.
　イ．When "Rashomon" made Kurosawa very famous, he was more than fifty years old.
　ウ．Kurosawa became famous in the world because he made a lot of films in foreign countries.

(7) 下線部(6)の Yamamoto's words about scenarios の内容として本文に述べられていることを，日本語で書け。

26

兵庫県

次の文は，テッドとジムの物語です。これを読んで，あとの問いに答えなさい。

（第1段落）

Ted was a quiet boy. He was not so good at sports and he did not have good friends. He knew that he had many bad points but he did not know any of his good points.

（第2段落）

One day, his teacher came into the room with a boy. She introduced him to the class. "His name is Jim. He will be your new friend." "Nice to meet you. I am Jim. Be my friend, please," said the boy. The teacher said, "Ted, Jim will sit next to you. Please show your books to him." Ted nodded without saying a word. After the morning classes, Jim said, "Will you eat lunch with me?" Ted nodded again.

（第3段落）

From that day, Ted and Jim began their life together. Jim was a very active boy. He always tried to do things without help. Ted wanted to be like Jim but he knew that he couldn't. Jim was always with Ted and he was always looking at Ted with a smile. One day Jim said to Ted, "I know your good point. You are so kind to others." Ted listened without a word but he felt something warm inside himself. He could just say, "Thank you, Jim."

（第4段落）

From that time, Ted started to change. He also began to try to do things without help. Jim knew that Ted was changing. They became good friends. When they were studying together, Jim said, "Ted, I have to go again." "Go again? What do you mean?" "My father has to go to another town and my family have to go with him." Ted was very sad but he did not cry because he was a different boy.

（第5段落）

Now Ted is forty years old. He is a teacher. He is loved by students and by other teachers. He likes his job. He often says to his students, "Everyone has a good point. If you can find it, you can change your life." Jim lives very far from Ted now, but, Jim always lives in his heart.

（注）　quiet　おとなしい　　point(s)　点　　nodded　nod（うなずく）の過去形
　　　　active　活発な　　inside　～の中に　　himself　彼自身　　heart　心

1. 次の質問に主語と動詞のある英文で答えなさい。
   (1) What did the teacher ask Ted to do?
   (2) What is Ted now?

2. ジムは、テッドをどのような人物だと言っていますか。日本語で簡潔に書きなさい。

3. 本文の内容に合うものを次のア～オから2つ選んで、符号を書きなさい。
   ア　Ted liked to talk with his friends very much.
   イ　Jim thought that Ted was as kind as others.
   ウ　When Jim said that he had to go, Ted was not happy.
   エ　Jim was a quiet boy, but he changed very much.
   オ　Ted is enjoying his work now.

4. 現在のテッドにとって、ジムはどのような存在ですか。適切なものを次のア～エから1つ選んで、符号を書きなさい。
   ア　the friend who works with Ted
   イ　the friend who lives near Ted's house
   ウ　the friend who often talks with Ted
   エ　the friend who is always remembered by Ted

27 ───────────────── 千葉県

次の文章は，森林と地球の環境について健一が書いたものです。この文章を読んで，あとの(1)〜(4)の問いに答えなさい。

（第1段落）

There are many people here in Japan and a lot of trees are used in our lives every day. (①), we need trees to build houses and to make furniture. We need trees to make paper for books, comics and newspapers, too.

（第2段落）

Where do we get the trees that are used in our lives? We get some trees in Japan, and some trees from foreign countries. In 1999, the percentage of the trees that we got in Japan was about 19％. We got about 19％ of the trees from America, about 15％ from Canada, about 8％ from Australia, and about 39％ from other foreign countries. In those countries, trees were cut down and sold to Japan. A lot of trees are cut down in many places, but growing trees is not (②) because it takes a long time for us to grow trees.

（第3段落）

Cutting down too many trees causes some problems. What is happening on the earth by cutting down too many trees? Can you think (③) anything? By cutting down trees, we are taking away animals' places to live. Some animals will die without their homes. The earth is becoming warmer by cutting down too many trees, too. There may be other problems. We should know what is happening on the earth.

（第4段落）

The earth is like our home. We must understand that the earth needs help. What can we do for the earth? We can recycle paper. We can grow trees, too. We all live on the earth. We must do nice things for the earth.

(注) furniture 家具　comics 漫画　newspapers 新聞　foreign 外国の
　　percentage パーセンテージ，百分率　America アメリカ
　　Australia オーストラリア　cut down 切り倒す　take （時間が）かかる
　　cause 引き起こす　take away 〜 〜を奪う　recycle 再利用する

(1) 本文の内容に合うように，(①)〜(③)の中に入れるものは何か。次のア〜エのうちから最も適当なものをそれぞれ1つずつ選び，その符号を書きなさい。

① ア At last　　イ Each other　　ウ More than　　エ For example
② ア easy　　　イ important　　　ウ cold　　　　　エ warm
③ ア by　　　　イ at　　　　　　ウ of　　　　　　エ in

(2) 地球のために私たちができることは，何があるか。紙の再利用の他に，本文の中で具体的に示されていることを1つ日本語で答えなさい。

(3) 本文の内容に合うように，次の対話の（　）の中に入る最も最適な1語を英語で書きなさい。

A：Which country sold more trees to Japan in 1999, Canada or Australia?
B：(　　) did.

(4) 次の文章は，本文を要約したものです。文中の（ ① ）～（ ⑤ ）の中に入れるものは何か。下のア～シのうちから最も適当なものをそれぞれ1つずつ選び，その符号を書きなさい。

　Many people live in Japan. We need a lot of trees for making houses, furniture and paper. We（ ① ）trees from foreign countries.

　There are some（ ② ）from cutting down too many trees. We are taking away animals' places to live. Some animals will die（ ③ ）they have no places to live. We are（ ④ ）the earth warmer.

　The earth needs help. Let's try to do something（ ⑤ ）for the earth.

ア busy	イ problems	ウ countries	エ go	オ buy
カ good	キ far	ク sell	ケ if	コ with
サ making	シ writing			

28 ──────────────────────────────── 福岡県

次の文章を読んで，後の各問に答えよ。

(第1段落)

I am Yasuko. I'm fifteen years old. Last year I became sick and had to stay in the hospital for two months. I felt happy when my family and friends visited me, but when they left the room, I became very lonely again. I became lonelier when I thought of my school and friends. I wanted to go back to school, but ①I couldn't.

(第2段落)

One day I was sitting on the bed and looking out of the window. "Hi, Yasuko, how are you feeling this afternoon? What are you thinking about?" asked Ms. Tanaka. She was a nurse who took care of me in the hospital. She was smiling at me. I said, "My friends are having a good time at school now, but I'm lonely in this hospital. I don't know when I can go to school again." She said, "Oh, I know you feel very sad and lonely. Listen, Yasuko. If we don't lose hope, a happy time will come again. When I am sad, I always try to ②think like that."

(第3段落)

Some days later I spoke with her. "I think your job is not easy. You are always working hard and have some difficult things to do. Have you ever wanted to change your job?" "③No, never," she answered. "My work is not very easy. But I have never wanted to change my job. Do you know why? Because I feel very happy when I am doing my best for sick people." She looked happy then.

(第4段落)

Now I'm enjoying my school days again. I sometimes walk near the hospital and think of Ms. Tanaka. I learned very important things about life from her when I was in the hospital. I always remember her smile and her words, "_____ hope, Yasuko."

(注)　hospital……病院　　lonely……さびしい　　lonelier……lonely の比較級
　　　hope……希望　　life……生き方

問1　本文中の下線部①で，「できなかった」とあるが，何ができなかったのか。次のア〜エから1つ選び，その記号を答の欄に記入せよ。
　ア　学校にもどること
　イ　家族に会うこと
　ウ　友だちを見舞うこと
　エ　病院に行くこと

問2　本文中の下線部②で,「そのように思う」とあるが,それはどのように思うことか。その内容を本文中からさがし,日本語で答の欄に記入せよ。

問3　本文中の下線部③で,康子(Yasuko)の質問に対し,田中さん(Ms. Tanaka)が「いいえ,一度もないわ。」と言っていることについて,次の1,2の問に答えよ。

1　どういうことが一度もないと言っているのか。その内容を本文中からさがし,日本語で答の欄に記入せよ。

2　そのように言ったのはなぜか。その理由を本文中からさがし,日本語で答の欄に記入せよ。

問4　本文の内容に合っているものを,次の1～6から2つ選び,その番号を答の欄に記入せよ。

1　Yasuko was in the hospital for about a year because she was sick.
2　Yasuko was very lonely because no one came to see her in the hospital.
3　Ms. Tanaka took care of Yasuko when Yasuko was in the hospital.
4　Yasuko thought that Ms. Tanaka's job was not easy.
5　Ms. Tanaka didn't know what to say when Yasuko asked about her job.
6　Yasuko often visits the hospital to talk about many things with Ms. Tanaka.

問5　本文中の□内に,本文の内容から考えて,最もよくあてはまるものを,次のア～エから1つ選び,その記号を答の欄に記入せよ。

ア　Ask someone to give
イ　I am always losing
ウ　You should not lose
エ　Thank you for giving

29 ━━━━━━━━━━━━━━━━━━━━━━━ 京都府

次の英文は，学校に招かれた社会人講師（**guest teacher**）の話を聞いて，加代子（**Kayoko**）が書いた感想文である。これを読んで，問い(1)〜(9)に答えよ。

(第1段落)

This week, two guest teachers visited my junior high school and talked about their jobs. This was a good chance to think about my future.

(第2段落)

One of the guest teachers was my friend's mother, Ms. Suzuki. She works as a dog trainer at a school for dogs. She said, "Today many people keep dogs as pets. Some dogs are also very important partners for some people." Then she showed us a picture and asked, "Do you know ①(_____) the dog is doing?"

(第3段落)

Some students shouted, "The dog is opening the door!"

(第4段落)

It was a picture of a lady sitting in a wheelchair and a black dog opening the door for her. Ms. Suzuki said, "This woman needs a partner to help her. The dog has been her partner for two years."

(第5段落)

Ms. Suzuki showed us some other A , too. They showed that the same dog helped the woman in different ways. It ②明かりを消した and went shopping with her. Ms. Suzuki said, "The dog is always with the woman and helps her. When the dog helps her, she looks very happy. Then, I become happy, too. If you want to become a dog trainer, you need some knowledge and special skills, but it is more important for you to like dogs."

(第6段落)

I like taking care of dogs. It is wonderful to think of B others by training dogs.

(第7段落)

The other guest teacher was a pilot, Mr. Yamada. He ③[(ア) be / (イ) used / (ウ) at / (エ) a student / (オ) to] our school.

(第8段落)

He said, "When I was an elementary school student, I had a dream of becoming a pilot. I liked science and studied hard. When I became a student here, I began studying English for the first time. English was very difficult for me at first, but I knew I had to study hard to become a pilot. Studying English took a lot of time, but I worked hard on it. ④It is easy to have a dream, but if you don't take action toward it, it will be gone. My English teacher knew my wish and showed me a video of her trip to Canada. I remember there was one beautiful view from a plane ⑤(fly) over the clouds. The clouds were like the sea and they were bright in the sun. Now I enjoy the same view when I fly." Then he explained the work and the life of a pilot.

(第9段落)

He said, "Being safe is the most important part of my job. I have to know everything about each flight such as the weather and the plane. Each flight is different and I must continue learning a lot from experience to keep people safe."

(第10段落)

Mr. Yamada taught me something very useful. It is important to have a purpose in my life and keep working on it. It is also important to continue learning even after getting a job, because each day includes many different experiences.

(第11段落)

Both of their speeches were very interesting and useful for me. There are many different jobs and a lot of things that I can learn from working people. I'd like to exchange ideas about choosing a job with many people and decide my own job in the future.

(注) trainer 訓練士　　keep dogs 犬を飼う　　pet ペット　　partner パートナー
　　　wheelchair 車いす　　pilot パイロット　　video ビデオ　　view 景色
　　　experience 経験　　speech 話　　choosing 選ぶこと

(1) 本文中の　A　と　B　に文意が通じるようにそれぞれ語を入れるとき，次のうち最も適当なものはどれか，(ア)～(エ)から1つずつ選べ。

　A　(ア) women　　(イ) dogs　　(ウ) pictures　　(エ) students
　B　(ア) helping　　(イ) showing　　(ウ) training　　(エ) keeping

(2) 本文の内容から考えて，下線部①(　　)に入る1語を書け。

(3) 本文中の下線部②の日本語を英語にするとき，次の　　　に入る1語を書け。
　　　　turned the light 　　　

(4) 本文中の下線部③の [　　] 内の(ア)～(オ)を，文意が通じるように正しく並べかえ，記号で答えよ。

(5) 本文中の下線部④の内容を表すものとして最も適当なものはどれか，(ア)～(エ)から1つ選べ。

(ア) When you have a dream and you want it to become real, you should wish for it.

(イ) If you want to keep your dream, you should ask your teacher to help you.

(ウ) You should go to bed earlier if you want to stop dreaming and sleep well.

(エ) If you have a dream, you should make it your goal and try hard to get it.

(6) 本文中の下線部⑤(fly)を文意から考えて，正しい形で書け。

(7) 本文の内容から考えて，次の問いに対する答えの文が正しいものになるように，| ア |・| イ |に入る語を1語ずつ書け。

What does Ms. Suzuki do?

答えの文：She | ア | イ | which will become partners to people.

(8) 次の英文は，加代子が自分の書いた感想文をもとにして，スピーチをするためにまとめ直した文章の一部である。文中の| ア |と| イ |に入る最も適当な1語を，本文中から抜き出して書け。

> When Mr. Yamada was a junior high school student, it was not easy for him to study English. But he wanted to become a pilot, so he spent a lot of | ア | and worked hard on his English. He was studying for a purpose.
>
> Even after becoming a pilot, he has to continue learning. He learns a lot from each flight experience, because each flight is different. He must think of a | イ | flight first, because that is the most important part of his job.

(9) 本文の内容から考えて，加代子が二人の社会人講師の話から学んだことは何に関することであったと考えられるか，最も適当なものを(ア)～(エ)から1つ選べ。

(ア) 交通安全
(イ) 高齢者福祉
(ウ) ボランティア
(エ) 進路選択

30 ――――――――――――――――――――――――――――――― 日比谷高

次の文章を読んで，あとの各問に答えよ。

（＊印のついている単語・語句には，本文のあとに〔注〕がある。）

（第1段落）

When I was very small, my father often *lifted me into the air. I could look down at my parents. They were laughing. In the air I was never afraid because his hands were holding me. He was the strongest in the world for me.

（第2段落）

I grew and learned to *play bear. When it was nearly six o'clock every evening, I hid behind the kitchen door and I was quiet. My father came home, opened the door, and stood there. He said, "Where's the boy?" I jumped and *grabbed his *knees. He looked down and shouted, "Hey, what's this? A young bear!" Then I was lifted up and put on his *shoulder. We *passed by my mother and went through the door of the living room.

（第3段落）

When I was six, I went to school. In school I learned how to *wrestle and how to *hold back *tears. At home I often tried the things I learned. I tried to *pull my father off the chair while he was reading the newspaper. He said, "What are you trying to do, boy?　(1)　"

（第4段落）

When I was eight, I grew taller and stronger. Sometimes I wrestled with my father on the floor. My mother always said, "Be careful, William. Don't hurt him." My father always won very easily. I was half angry, but half laughing. "Dad, some day ...," I always said.

（第5段落）

I began to play football in high school. I was surprised because I could look down at my mother. My father and I still sometimes wrestled. My mother worried about that. She was not able to understand why we needed to fight against each other. She often said, "William, you're getting older, and Andy is getting stronger and stronger." When my father and I wrestled, he still *beat me. I lay *on my back and he looked down at me. He said, "Give up?" "I give up," I said and got up. But sometimes he looked very tired. One day she said, (2)"Please don't do that. No more!"

（第6段落）

So for nearly a year we did not wrestle. But I thought about wrestling one night at dinner. I looked at my father very carefully. He did not look as tall or strong as before. I could even look at his eyes without looking up. I asked, "How much do you *weigh, Dad?" He said, "As much as before. Why?" "I'm just wondering," I said.

(第7段落)

But after dinner I went to him. He was reading the newspaper in the chair. I took it out of his hands. He looked up. At first his eyes said, "Why did you do that?" Then he saw my eyes. He knew what I was going to do. "So," he said quietly. "Come on, Dad," I said. He began to take his shirt off and said, "You *asked for it."

(第8段落)

My mother came in from the kitchen. "Oh, William! Andy! Don't... You'll hurt *yourselves!" But we did not listen to her. We were standing now. Our shirts were on the floor. Then we wrestled with each other. We fell down on the floor and continued to wrestle. My mother tried to say something, but she did not say anything.

(第9段落)

After a while I *pinned him on his back. "Give up!" I said. He said, "No!" He pushed me off, but it was not easy for him. The fight began again. But finally he lay on his back, and looked very surprised. He fought very hard against me. At last he stopped fighting. I said, "Give up!" He said nothing. Still I pinned him down. "Give up! Give up!" I said.

(第10段落)

Suddenly he began to laugh. My mother said to me, "Stand up to help him, Andy." I looked down at him and said, "Give up?" He stopped laughing. "I give up," he said. I stood up and *reached a hand to him. But my mother put an arm around his shoulders before I did. They stood together and looked at me. He was smiling and she worried about us.

(第11段落)

"I think I... Dad, I didn't hurt you, did I?" "No, I'm, all right. (3)Next time...," he said. (4)"Yes, maybe next time...," I said. My mother said nothing about these words because she knew there would never be a next time. For a short time we were looking at each other, and then suddenly I turned. I ran through the door of the living room. When I was a little boy, I went through the door on my father's shoulder many times after I grabbed his knees at the kitchen door. Now I went out of the kitchen door.

(第12段落)

It was dark outside. I felt the cool air. I looked up at the stars, but could not see them. The tears came to my eyes and ran down my *cheeks.

〔注〕 lift 持ち上げる　　play bear 熊ごっこをする　　grab ぎゅっとつかむ
　　　knee ひざ　　shoulder 肩　　pass by 〜 〜のそばを通り過ぎる
　　　wrestle とっくみあいをする　　hold back 〜 〜をこらえる　　tear 涙
　　　pull〜off … 〜を…から引き離す　　beat 負かした
　　　on one's back あおむけに　　weigh 重さがある
　　　ask for it 自ら言い出す　　yourselves あなたたち自身　　pin 押しつける
　　　reach 伸ばす　　cheek ほほ

問1　(1)　の中に入る文として，本文の流れに最も合うものは，次のうちではどれか。
　ア　You are too small to pull me off the chair.
　イ　I want you to pull me off the chair.
　ウ　You want to read the newspaper, don't you?
　エ　I want you to try to read the newspaper.

問2　(2)Please don't do that. No more! とあるが，このように母親が言った理由として最も適切なものは，次のうちではどれか。
　ア　She thought it was dangerous for William to fight against his boy because the boy beat his father.
　イ　She thought it was dangerous for Andy to fight against his father bacause the boy was smaller than his mother.
　ウ　She thought it would be dangerous for her to help Andy because she knew why he and his father needed to fight.
　エ　She thought it would be dangerous for the two to fight because some day the boy would be as strong as his father.

問3　(3)Next time… 及び (4)Yes, maybe next time… とあるが，それぞれの … に入るものを次の(A)〜(D)の中から選び，その組み合わせが正しいものを，下のア〜エの中から1つ選べ。
　(A)　try your best
　(B)　you will win
　(C)　I will win
　(D)　I will try my best
　　ア　(3)—(A), (4)—(D)
　　イ　(3)—(D), (4)—(C)
　　ウ　(3)—(C), (4)—(B)
　　エ　(3)—(B), (4)—(A)

問4　本文の内容と合っている文を，次のア～オの中から1つ選べ。

ア　When the boy was small, he had a young bear in his house. He waited for his father with the bear every evening.

イ　When the boy was six, he learned many things from his father, for example how to wrestle and how to hold back tears. Then he tried them in school.

ウ　When the boy was eight, his mother told his father to be careful when they began to wrestle.

エ　The boy and his father did not wrestle for about a year, and one day the boy found that his father was still taller and heavier than he.

オ　At last the boy beat his father. When his father tried to stand up, his mother and the boy helped his father.

問5　次の文章は本文の内容の要約である。下線部の空欄にはどのような英語を入れるのがよいか。下線部(1)の［　］には3語以内で，また，下線部(2)(3)の（　）にはそれぞれ1語で書け。

When the boy was a small child, his father was the strongest in the world for him. When he played bear and went through the door of the living room with his father, he was happy.

When he grew older, he sometimes wrestled with his father. His father always beat him. The boy thought, (1)"Some day I ［　　　　］."

When he went to high school, they still wrestled with each other and his father was still strong. Then for nearly a year, they did not wrestle (2)because his mother (　　) about that.

One night the boy looked at his father carefully. His father did not look as strong as before. He wrestled with his father. He pinned his father on his back. At last he beat his father. (3)He knew he was (　　) (　　) his father. He ran out of the living room and went through the kitchen door. It was the door for a boy to a man.

問6　本文を読んで，あなたが思ったことを30語以上の英文で書け。なお，「,」や「.」は語数に含めないこととする。

完全達成シリーズ

高校受験
英語長文問題
公立用

解答と解説

1 ──── 群馬県

全訳

ヨシコは中学生だ。ロバートはイングランド出身の英語指導助手である。ヨシコはロバートにイングランドで撮った写真を見せている。(she took in England は関係詞節)

① ロバート：僕はこの写真が好きだ。ヨシコ。どこで撮ったんだい。
② ヨシコ：これ？ これは湖水地方よ。私のホスト・ファミリー（イギリスで泊めてもらった家庭のこと）が（私をそこに）連れて行ってくれたの。
③ ロバート：ああ。それはすてきだ。(A)僕も前にそこへ行ったことがあるよ。どうだった？
④ ヨシコ：素晴らしかったわ。山も湖も本当にきれいだった。
⑤ ロバート：うん。その場所（the place の the は「今話題になっているその場所」を指している。）の美しさはたくさんの有名な詩人が書いているよ。ウィリアム・ワーズワースもその一人だ。(B)彼の詩は多くの人々に愛されているんだ。
⑥ ヨシコ：いつか読んでみたいわ。(some day は「(未来の)いつか」)
⑦ ロバート：それはいいね。詩には興味があるの？
⑧ ヨシコ：ええ、とっても。去年，京都で先生が私に詩を書くようにとおっしゃったの。
⑨ ロバート：京都で？ ああ，そうか。修学旅行で行ったんだね。京都には古いお寺やきれいな庭がたくさんあるんだ。そうだったね？
⑩ ヨシコ：そうよ。私は京都の（there）秋の葉っぱの色について，とても短い詩を書いたの。書くのが楽しかったわ。
⑪ ロバート：俳句を書いたんだね。
⑫ ヨシコ：そのとおりよ。俳句，好き？
⑬ ロバート：うん。俳句はとても好きだよ。京都で君が書いた詩を教えてくれるかい。（次の⑭でヨシコが作った俳句が披露されているから，ロバートが教えてくれと言ったことがわかる。）
⑭ ヨシコ：いいわ。「手のひらに乗せた一枚赤い秋」っていうの。
⑮ ロバート：こういう意味だね。「あなたは手の中の葉っぱの赤い色を見た。すると，あなたは秋の本当の美しさを感じた。」そうだろう？
⑯ ヨシコ：そうよ。そのとおりよ。
⑰ ロバート：君の俳句，とても気に入ったよ。
⑱ ヨシコ：ありがとう。それを聞いて嬉しいわ。

〔解 説〕

(1) tell＜人＞to *do* の形で「～に～するようにと言う」になる。She told me to study English.「彼女は私に英語を勉強するようにと言った」である。本問では「先生が私に詩を書くようにと言った」となる。

(2) (A)「～に行ったことがある」は，have been to という現在完了の形を使う。また there「そこへ・そこに・そこで」は副詞であり，to the park のような役割をするから，have been to の to は要らなくなることに注意。「私も」の「も」は too または also。「以前」は before。

(B)「～に愛されている」は受身である。are loved by とする。「多くの人々」は many people でもよいが，肯定の平叙文の場合は a lot of の方がふつう。

(3) 全訳⑬の括弧内の解説を参照。

(4) ア．「ヨシコは湖水地方の美しさについて詩を書いた。」①～⑤で湖水地方のことが話題になっているが，そこでは詩（俳句）のことは出てこない。⑭の詩（俳句）は京都の美しさについて書

いた詩である。したがって，本文の内容に矛盾する。

イ．「ヨシコはときどきウィリアム・ワーズワースによって書かれた詩を読む。」(written by William Wordsworth は後ろから poems を修飾している。) ⑥で「いつか読みたい」と言っているから，まだ読んだことはないということがわかる。したがって，本文の内容に矛盾する。

ウ．「ロバートはヨシコの俳句を理解し，非常に気に入っている。」⑮で理解していることがわかり，⑰で気に入っていることがわかる。したがって，本文の内容に一致する。

エ．「ロバートは京都の美しさについて書いた有名な詩のことを話している。」話題になっているのは，ワーズワースの湖水地方についての詩と，ヨシコが書いた京都についての詩（俳句）のことだけである。「京都の美しさについて書いた有名な詩」などはどこにも出てこない。したがって，本文の内容に矛盾する。

〔解　答〕
(1)　(My teacher) told me to write a poem (in Kyoto last year.)
(2)　① I have been there before, too. / I've also been there before.
　　② His poems are loved by a lot of (many) people.
(3)　エ
(4)　ウ

2 ──── 栃木県

全訳

①100年ほど前には，電気は主として家の照明に使われていた。夜の方が昼間よりもたくさんの電気が使われた。（「人々」という日本語は硬いので，このように受身に訳したら，主語を入れないですむ。次の文は「人々に～を使ってもらいたいと思った」が直訳だが，これも「人々」を出さずに訳してみた。）電力会社は昼間もっと電気を使ってもらいたいと思った。（ここが本文の（　　）の部分）彼ら（電力会社の人達）は言った。「おもに昼間使われる役に立つ器具が必要だ。何かよいアイディアはないだろうか。」この質問への最初の答はアイロンだった。それは1902年に作られた。

②今日ではアイロン(1)などの器具（and other の直訳は「および他の」だが，それを意訳すると「などの」となる。）は生活を楽にするために使われている。（「より楽に」などと比較級の意味を出してやる必要はない。日本語として不自然になる。）今ではそういう器具がなければ生活していくことはむずかしい。今日では100年前には存在しなかった（直訳：我々が持っていなかった）器具をたくさん使っている。したがって (So)，以前よりもたくさんの電気が必要になっている。

③電気の使用量が増えたらどういうことになるだろうか。（直訳：我々がもっとたくさん電気を使ったら何が起こるだろうか。）いくつか問題がでてくるかもしれない。すぐに対策を講じなければならない。（直訳：我々は今，何かをすべきである。）電力消費量の少ない器具を作ろうと努力している科学者もいる。（直訳では「何人かの科学者たちは～しようと努力している」であるが，それは結局「～しようと努力している科学者もいる」ということになる。また，try to は「～しようとする」だが，それは結局「～しようと努力する」ということになる。）できることが(2)もう１つある。必要でないときには電気を使うのをやめることができるのだ。家庭でも学校でも，そうする（電気を使うのをやめること）ためにたくさんの方法を見つけるべきだ。そういう努力をしようではないか。（直訳は「いくつかを見つけるようにしよう」だが，some は some ways の意味。）

〔解　説〕
1. 電気は主として夜使われていた，という文の後にくるのだから，電力会社は昼間も電気を使ってもらいたいと思ったのである。want＜人＞to do の形で「～に～してもらいたい」。
2. ①　この器具は食べ物を冷たく保つために使われる。(keep food cold「食べ物を冷たくたもつ」)
　②　この器具は部屋を掃除するために使われる。
3. 全訳の最後の部分を読めば明らかだが，「我々にできるもう１つのことがある」と言って，その後の文でそれが何であるかを述べているのである。下線部(2)の後にくる文に注目する。

〔解　答〕
1. ア
2. ①　冷蔵庫　　②　(電気)掃除機
3. 必要のないときには電気を使わないようにすること。

3 ── 石川県

全訳
① J：ベン。君のカバンすてきだね。(直訳：すてきにみえる)
② B：ああ。君も気に入ったかい，次郎。11月に友達のガレージセールで手に入れたんだよ。
③ J：ガレージセール？　それは何だい。
④ B：家のガレージの中で，古いものや使用済みの物を売るんだよ。(used things は「中古品」) みんな(People) そこへ行って買うんだ。
⑤ J：それじゃ，ガレージが店になるんだね。
⑥ B：そのとおりだよ。日本にもそんなものがあるかい。
⑦ J：うん。ノミの市というのがあるよ。公園のような(1)広い場所 (open は「開けた・広々とした」という意味になる。) で，自分の要らない物を売るんだ。(they don't need は関係詞節)
⑧ B：わかった。僕たちはまだ (still) 使える古い物を捨ててしまって，新しい物 (ones は前に出てきた複数名詞を受け，ここでは things の意味) を買うことが多い。(often は「ことが多い」と訳せばよい場合がある。)(2)たくさんの物を (a lot はwastingの目的語で代名詞) 捨てているんだ。
⑨ J：物をもっと注意深く使って，再利用 (「ふたたび使う」だから「再利用」) するようにしなければいけないと思うよ。
⑩ B：僕もそう思う。リサイクリングが大切なんだ。
⑪ J：日本ではたくさんのものをリサイクルしているよ。たとえば，古い新聞や本を他のゴミから分別するんだ。1000キロの紙をリサイクルすれば，(3)約20本の木が救われる。(直訳：おのおのの1000キロの紙が約20本の木を救う。) と聞いたことがある。
⑫ B：瓶や缶もリサイクルするのかい。
⑬ J：もちろんだよ。(問５はベンの言ったことに肯定の答をするのだから，アやウはおかしい。またイもPleaseが入っているのがおかしい。) 僕の市では，ペットボトルも集め始めたんだ。ペットボトルで服を作る (make A from B「Bを原料にしてAを作る」) 人もいる。(Some peopleを「～の人もいる」と訳してみた。)
⑭ B：それはすばらしい。将来はペットボトルでたくさんの服を作るようになるかもしれないね。(直訳：ペットボトルで作られたたくさんの服を持つかもしれない。made から後は，後ろから

clothes を修飾している。)

〔解　説〕
問1　設問を日本語に訳してみよう。
　(1)　ベンはガレージセールで何を手に入れましたか。彼は（　　）を手に入れました。
　　　　　（①②から，ガレージセールでカバンを手に入れたということがわかる。）
　(2)　ペットボトルはどのように再利用されますか。そのうちのいくつかは（　　）に変えられます。
　　　（change A into B「AをBに変える」。ここではそれが受身になっている。⑬で，ペットボトルを服に変えるという記述がある。）
問2　⑦の全訳下線部(1)の後の括弧内の解説を参照。
問3　⑧の下線部(2)のすぐ上に，まだ使える物を捨てて新しい物を買う，とあるから，そのことを言えばよい。
問4　設問の If we で始まる文の訳を示そう。
　　　もし我々がリサイクルした紙を1000キロ使えば，我々は約20本の木を（　　）する。
　　　　　（下線部(3)の use をそのまま使えばよいが，2語以上とあるから，can を補うとよい。）
問5　⑬の「もちろんだよ。」の後の括弧内の解説を参照。
問6　設問の英文の訳を示そう。空所に当たる部分には下線を施しておく。
　　　ベンと次郎はたくさんのものを浪費することが大きな(1)問題だとわかっている。彼らはその問題 (it) を解決するために何かをしなければならないと考えている。彼らは(2)リサイクリングが有効な (useful) 方法であり，それ (it＝recycling) が地球の天然資源を救うということを理解している。(understand の後に that が省略されている。)

〔解　答〕
問1　(1)　bag　　(2)　clothes
問2　ウ
問3　まだ使える物を捨て，新しい物を買うようなこと。
問4　can save
問5　エ
問6　(1)　エ　　(2)　ア

4 ──── 山梨県

全訳
　①春のある日，タカオの父親がタカオに言った。「タカオ。私は今日，長野まで車で行くよ。(ア)一緒に行きたいか。」②「うん。」とタカオは言った。
　③2時間ほどドライブした後，彼らはたくさんの古い家のある小さな村に着いた。④その家々は江戸時代に建てられたものだった。
　⑤「わあ。まだこういう古い家が残っていたなんて知らなかった。」（直訳：我々がまだこれらの古い家々を持っていたとは，私は知らなかった。）とタカオは言った。⑥「タカオ。みんな100年以上も経っているんだ。（直訳：それらは100歳以上だ。）⑦私はこのような伝統的な木の家が好きだ。⑧こういうの (them) を写真に撮るのはとても楽しい。⑨タカオ，おまえはこういう古い家々をどう思うか

ね。」と父親は聞いた。⑩「そうだね。すぐには (now) その質問には答えられないよ。でも，とても驚いた。」(I'm very surprised. は現在形だが，日本語ではこんな場合，「驚いている」よりは「驚いた」というでしょう。)

　⑪昼食の後，タカオと父親は家々を見るのを楽しんだ。(「楽しく家々を見てまわった」などと意訳するのも気がきいている。) ⑫若い外国人が2人見えたので，タカオは話しかけた。(直訳：彼らと話し始めた。)

　⑬「やあ。僕の名前はタカオと言います。ハイスクールの生徒です。」(「中学」は junior high school,「高校」は senior high school だが，ただ high shool とあった場合は「ハイスクール」でよい。) ⑭彼らの1人が言った。「やあ，タカオ。僕はジョンだ。アメリカ人だよ。(I'm from は「出身」を表しており，「アメリカから来た」でもよいが「アメリカ人だ」ということ。) 東京で日本語を勉強している。」⑮「こういう家をどう思いますか。」とタカオは聞いた。

　⑯ジョンは答えた。「気に入ったよ。(直訳：私はそれらが好きだ。) ⑰この木の家々が100年以上も昔に建てられたと知って(イ)驚いた。⑱とても古いんだね。でも，(ウ)新しく見えるよ。⑲こういうものを見ていると何か重要なことがわかるんだよ。(直訳：それらは我々に何か重要なことを告げてくれる。) ⑳この通りに立っているとリラックスした気持ちになる。㉑大都市にはすてきな建物がいっぱいあるが，大都市ではリラックスした気持ちにはなれない。㉒この村はとても平和だから，ここではリラックスするんだ。㉓大都市では平和な生活の重要性を忘れてしまう人が多い。㉔君たちはこの日本の伝統を誇りにしてよい。㉕(エ)こういう古い家々は長い間保存しておくべきだ。㉖外国人でも日本の伝統的な家が好きだという人も多いと思うよ。」

　㉗タカオは彼に非常に印象を受けたので言った。「お話できて楽しかったです。㉘こういう古い家々が重要だということがわかりました。(直訳：重要性を習った。) ㉙本当にありがとう。」

　㉚タカオはこういう伝統的な家々は，次の世代に伝えるべきだと考えた。(hand down A to B で「AをBに伝える」であるが，ここではそれが受身になって，さらにその前に should がついている。)

〔解　説〕
1．ア．1．「あなたは私にどこへ行ってほしいのですか。」　2．「あなたは私と一緒に何がしたいのですか。」　3．「あなたは私に家にいてもらいたいのですか。」　4．「あなたは私と一緒に行きたいですか。」文脈からどれが適切であるかは明らかである。

　イ．同じ⑰の that 以下にその理由が述べられている。

　ウ．その前は「非常に古いが……」と言っているのだから，「でも……」と逆接的につながるものが入る。

　エ．1．「あなたがたはこれらの古い家々を短い時間で建てるべきだ。」　2．「あなたがたはこれらの古い家々を短い時間で建てるべきではない。」　3．「あなたがたはこれらの古い家々を長期間保存すべきだ。」　4．「あなたがたはこれらの古い家々を長期間保存してはいけない。」これもどれが入るかは文脈から明らかであろう。

2．(1)「タカオは父親に，長野に列車で行こう，と言った。」　①②を見ると，初めから車で行くことになっており，列車の話などは出てこない。

(2)「長野の小さな村に着くのに3時間以上かかった。」　③を見ると約2時間とある。

(3)「タカオは村で古い家々を見たのでとても驚いた。」　③⑤⑩などの内容に一致している。

(4)「ジョンは東京で日本の歴史を勉強している外国人学生である。」　⑭を見ると，勉強しているのは日本語である。

(5)「ジョンは，日本の家々が気に入っている外国人が多いと考えている。」　㉖の内容に一致する。

(6)「タカオは，東京のすべての人々は平和な生活の重要性を忘れている，と思っている。」　㉓を

見ると「大都市では……人が多い」となっていて,「すべての人々」ではないから, 本文の内容に矛盾する。
3. 空所を補充して, 全文を訳してみる。下線を引いたところが本文の□に当たる。
　「さあ, お父さんが村で僕に聞いた質問に答えよう。僕はあの家々が好きだ。そして, とても誇りに思っている。僕は以前は日本の伝統の重要性を知らなかった。(「重要性がわからなかった」でもよい。know の他, いろいろな動詞が考えられる。) 外国の人たちがときどき僕たちに古い伝統の重要性を教えてくれる。ああいう家々を失うことは簡単だが, また建てるのは非常に難しい。我々はこういう伝統を次の世代に伝えなければならないと, 僕は本当に思う。」((4)には should に近い「～しなければならない」の have to の have を入れる。やや難しいが ought to は should の意味になるから ought も正解である。)

〔解　答〕
1. ア．4
　イ．これらの木造の家々が, 100年以上も前に作られているとわかったので。
　ウ．2　エ．3
2. (3), (5)
3. (1) answer　(2) know (learn, understand, see)　(3) difficult　(4) have (ought)

5 ── 山口県

全訳
①久美：日曜日に弟と中古品バザーへ行って来たの。あなたも行った？
②メアリー：いいえ, 行かなかったわ。何か面白いもの (interesting が後ろから anything を修飾している。) を見つけたの？
③久美：ええ, (A)いろいろな種類のもの (different kinds of で「いろいろ (さまざま) な種類の」) を見つけたわ。たとえば (such as) 古着とか, CDとか, 本などよ。日本の伝統的なものもあったわ。
④メアリー：着物とか茶碗なんかのことね。(直訳：(B)あなたは着物, 茶碗などを意味する。and so on は「～などなど」)
⑤久美：そのとおりよ。古いけれどいいものなの。まだ役に立つ物は捨てるべきではないわ。買ったり売ったりすることができるのよ。どう思う？
⑥メアリー：(C)私もそう思うわ。(上の文で, 久美が「まだ役に立つ……ことができるのよ」という意見を述べたので, それに対して自分の意見を述べたもの。) 私の国にも中古品バザーはあるわ。リサイクルのためにいいわよね。
⑦久美：(D)そうなのよ。(agree は「同意する」だから「私は同意する」が直訳) リサイクルについて考えることが大切なの。
⑧メアリー：ところで (well), 何か買ったの？
⑨久美：いいえ, 買わなかったわ。でも弟がCDを何枚か買ったの。中古品バザーを歩き回るのは楽しいわ。
⑩メアリー：次回 (next time) は中古品バザーに私を連れて行ってね。
⑪久美：いいわ。面白いものを見つけられたらいいわね。(I hope we'll find……で「我々が～を見つけられることを(E)私は望む」)

〔解　説〕　いずれも全訳下線部の後に解説をつけておいたから，まずそれから読むこと。
(1) a kind of, many kinds of, different kinds of などの言い方をおぼえておくこと。
(2) (B) 4 の How about ～は「～についてはどうですか」の意味。これを使ったら，「着物, 茶碗などはどうですか」の意味になってしまい, 文脈に合わない。mean が「意味する」なので 2 が正解。
(D) You're welcome. は「どういたしまして」, You're wrong. は「あなたは間違っている」, You remember は「あなたはおぼえている」, いずれも文脈に合わない。3 の I agree. (私は同意する) がよい。
(E) I'm afraid は I hope の反対語。I hope it will rain. は雨が降って欲しい時に使って,「大丈夫, 降りそうだよ」「降ってくれるといい」。I'm afraid it will rain. は降ってほしくない時に使い,「困ったね。降りそうだ」というニュアンス。ここでは好ましいことを「望む」なので hope。
(3) あなたの言っている We should not ……とか We can ……の意見について私もそう思う, ということ。

〔解　答〕
(1) found different kinds of things
(2) (B) 2　(D) 3　(E) 1
(3) まだ使える物は捨てるべきでなく, 売ったり買ったりすればよい, という考え。

6 ── 愛知県

全訳
1998年 6 月11日
(第 1 段落)
小川ご夫妻さま。
6 月 2 日(A)づけのお手紙(「6 月 2 日に書かれた手紙」とする。)ありがとうございます。お手紙を読んで本当に嬉しく思いました。3 日間お宅に泊まらせていただきます。そして, あなた方とご一緒にたくさんの時間を過ごせることを望んでいます。
(第 2 段落)
4 年前, 1 か月間名古屋に滞在した時に, 私は日本に興味を持ちました。(be interested in の be の代わりに became が入れ代わった構文) 私はいくつか有名な場所へ行き, たくさんの人々と話をしました。そのとき私は日本の 2 つの特徴を(B)発見しました。(「日本の 2 つの特徴」を目的語に取るのにふさわしい単語は find しかない。)
(第 3 段落)
第 1 に, 私は日本が①テクノロジーの国であることに気づきました。(この後, 車やコンピューターの話が出てくるから, ①にはテクノロジーが入ることがわかる。) 日本 (It) は車でいっぱいでした。そして, 日本では (there) たくさんのコンピューターが使われていました。日本はアメリカによく似た (much like は like の強めだから,「たくさんアメリカのような」が直訳) 国だと私は思いました。
(第 4 段落)
その一方で, (on the other hand は「他方」が直訳だが,「その一方で」でもさしつかえない。必ずしも辞書の訳をつけなければいけないわけではない。) 日本は伝統的な国でした。ある (a が「ある」

という感じ）古い日本の都市には，いくつかの美しい静かな庭園がありました。そして，日本では狂言や能のような古い演劇（play）が演じられていました。（perform は「演奏する・上演する」）
（第5段落）
　実は，1つお願いがあります。②<u>私が日本に滞在している間に，京都へ連れて行っていただけないでしょうか。</u>（stay はここでは名詞で，my stay in Kyoto が「私の京都滞在」であり，during は「～の間に」という前置詞だから，その前に置く。）「なぜ京都なのか」と，あなた方はおっしゃるかもしれません。私は4年前には京都へ行く機会がありませんでした。私は工業的な日本よりも伝統的な日本の方が好きなのです。そして，古い日本のものについてたくさんのことを知るために，古い日本の都市を訪問したいのです。③<u>私は，京都が，訪問するのに一番よい場所だと思います。</u>（「一番よい」はgood の最上級を選ぶ。[good-better-best]「訪問するのに」は「一番よい場所」を後ろから不定詞の形容詞的用法が修飾している。）
（第6段落）
　私は6月28日の朝10時ごろ，名古屋のお宅に到着します。ご家族によろしく。（Say hello to は「～にハローと言ってください」ということから「～によろしく」という意味になる。）さようなら。

愛をこめて
ベス（Elizabeth の愛称）

〔解　説〕
(1)(2)(3)(4)　いずれも，全訳下線部の該当部分の後の括弧内の解説を参照。
(5)　設問の意味は，「ベスは小川夫妻の家にどのくらい滞在する予定ですか。」（the Ogawas は「小川さん夫妻・小川さん一家」）──「彼女はそこに3週間滞在する予定です。」第1段落に3週間滞在するという記述がある。
(6)　設問の全訳を示そう。
　ア．小川夫妻からの手紙に「私たちはあなたに会うことができません。」と書いてあったので，ベスは悲しく思っている。（第1段落を読めば，小川さんは歓迎してくれる趣旨の手紙をくれたことがわかるから，本文の内容に一致しない。）
　イ．ベスが1994年に日本へやって来たとき，彼女は1か月名古屋に滞在した。そして，日本に興味を持った。（第2段落の記述に一致する。）
　ウ．ベスが日本に来るのは，伝統的な日本についてでなく，工業的な日本について知りたいと思っているからである。（not about A but about B で「AについてでなくBについて」。第5段落に反対の趣旨の記述があるから，本文の内容に矛盾する。）
　エ．ベスは6月28日に京都へ行く。そして，午後10時ごろに小川夫妻の家に到着する。（第5段落で，京都へ連れて行ってください，と頼んでいるのだから，小川夫妻の家を訪れる前に京都へ行くことはありえない。また「10時」という記述は第6段落に出てくるが，「朝の10時」となっている。いずれにせよ，本文の内容とは矛盾する。）

〔解　答〕
(1)　A．written　　B．found
(2)　エ
(3)　Kyoto during my stay in Japan
(4)　ア　best　　イ　to
(5)　ア　three　　イ　weeks
(6)　イ

7 ――― 大阪府

全訳

①ジョーンズ氏はイギリス出身である。(正確に言うと，England はイギリスの一部である「イングランド」を指すから，「イングランド出身」と訳してもよい。) 彼は大阪の高校で3年間英語を教えている。ゆき子とマサオは，学校の英語クラブのメンバーである。(「英語クラブに入っている」と訳してもよい。)

②ある日，ゆき子とマサオは，職員室にジョーンズ氏を訪ねた。

③マサオ：こんにちは。ジョーンズ先生。今①何をしていらっしゃるのですか。

④ジョーンズ：「ジョーンズ・ニュース」を作っているんだよ。

⑤ゆき子：毎月この英字新聞を，私たちにくださるんですね。読むのがとても楽しいですよ。(直訳：我々はそれを読むのをとても楽しむ。)

⑥ジョーンズ：この新聞は君たちにとって最後になるだろう。

⑦ゆき子：もうすぐ日本から去っていらっしゃるんですね。

⑧ジョーンズ：うん。7月25日に日本を去るんだよ。君たちは僕にたくさんのよい思い出を与えてくれた。僕はその思い出 (them) のうちのいくつかを書いているんだ。

⑨マサオ：机の上にたくさん手紙がありますね。(直訳：私はあなたの机の上に，たくさんの手紙を見る。)

⑩ジョーンズ：うん。生徒たちからのメッセージだよ。先週僕は生徒たちに僕の授業について，僕にメッセージを書いてくれるように頼んだ。そのいくつかを，最後の新聞に載せたかったからだ。

⑪ある生徒からのメッセージ (a student は「ある生徒」というニュアンスです。)

　ジョーンズ先生。初めて授業であなたに会った時，あなたは英語でとてもゆっくり話してくださいました。最初，あなたは私たちにたくさんの質問をなさいました。次にあなたは，「何か私に質問があるかね。」とおっしゃいました。それで私は「④暇な時間 (free time) がある時には，何をするのがお好きですか。」とうかがいました。あなたがほほえんで，「音楽を聞くのが好きだ。」とおっしゃった時に，私は本当にうれしく思いました。

⑫別の生徒からのメッセージ

　ジョーンズ先生。あなたは授業中に (in your lesson)，あなたのお国の美しい写真 (「絵」でもよい) をたくさん見せてくださいました。イギリス (イングランド) の日没はほんとうにすてきでした。あなたは「イギリス (イングランド) では，太陽は冬には午後4時頃に沈み，夏には午後10時頃に沈む。」とおっしゃいました。私は考えました。「冬は夜が長すぎる。私はそれはいやだ。しかし，夏に午後10時まで戸外で (outdoors は副詞だから，1語で「戸外で」という意味になる。) スポーツをすることができるのは，とてもすてきだ。」と。(it については「解説」(5)の所で説明を加える。)

〔解　説〕

(1)　この後の先生が言っているセリフから考えると，「何をしているのですか。」というようなことを聞いたのであろう。

(2)　設問の英文の訳を示そう。なお，解答は英語で書け，とあることに注意。
　①　ジョーンズ先生は大阪の高校で，どのくらいの期間英語を教えていますか。(本文および全訳の冒頭の部分を読めばわかる。)
　②　ジョーンズ先生は毎週「ジョーンズ・ニュース」を出す (give) のですか。(ゆき子の最初のセ

リフ⑤を見ると,「毎月」と言っている。)

　③　ジョーンズ先生はいつ日本を去るのですか。(ジョーンズ先生の4つのセリフのうちの3番目に「7月25日に去る」という所がある。)

(3)　ジョーンズ先生の最後のセリフ⑩の中に,「僕の授業についてメッセージを……」という部分がある。

(4)　たとえば,「日本は気に入りましたか」とか「なぜ日本に来たのですか」などといろいろ考えられる。ただし,ジョーンズ先生の最初の授業のときに生徒がした質問だから,「イギリスへ帰ってから何をするつもりですか」などという質問はおかしい。

(5)　it は「仮主語＝形式主語」で,to 以下の不定詞の部分を受けている。

(6)　空所を埋めて(下線を施しておく)設問英文の全訳を示そう。

ゆき子：ジョーンズ先生。おはようございます。

ジョーンズ：おはよう。ゆき子。今日はⓐごきげんいかがですか。(次のゆき子のセリフが I'm fine. と be 動詞を使って答えているから, How do you do? よりも How are you? の方がよい。)

ゆき子：いいですよ。(あるいは「元気ですよ」)ⓑありがとう。先生は？

ジョーンズ：私もいいです。ありがとう。(You are welcome. は「どういたしまして」の意味だからここではおかしい。)

〔解　答〕

(1)　What are you doing? (何をしていらっしゃるのですか。)

(2)　①　He has taught it for about three years.
　　②　No, he hasn't.
　　③　He will leave Japan on July 25.

(3)　自分の授業についてメッセージ（感想）を書いてくれ,ということ。

(4)　How do you like Japan? (日本がいかがですか。)
　　What sport do you like? (どんなスポーツが好きですか。)

(5)　夏に午後10時まで戸外でスポーツをすること。

(6)　ⓐ　エ　　ⓑ　ア

8 ——— 佐賀県

[全訳]
(第1段落)
　アヤは中学生である。家の近くの店を経営している老人と話をするのが好きだ。彼女はよくその店で，いくつか物を買う。お母さんも彼女に，そこに食べ物を買いに行ってくれるようにと頼む。

(第2段落)
　ある日老人がアヤに言った。「たくさんの人たちが駅の近くの新しいスーパーマーケットに行き始めたものだから，私はこの店を閉めなければならなくなると思っている。①そういうこと (this) はしたくないのだが，他に方法がないのだ。」アヤはそれを聞いて非常に驚き，彼に聞いた。「他の場所に店を開くのですか。」彼は「わからない。」と答えた。

(第3段落)
　アヤは家に帰ると，両親にこの話をした。両親と祖父はその老人をとてもよく知っていた。彼はいつも微笑んでおり，誰にでも親切だったので，町中の誰からも愛されていた。彼は店に買い物に来る子供たちと，話をすることを本当に楽しんでいた。子供たちは老人に（直訳：彼らは彼に）学校生活のこと，友達のこと，家族のこと，好きなテレビ番組（they liked は関係詞節）のことなどを話した。

(第4段落)
　彼とその妻は35年前，アヤの父親がまだとても若かった頃，店を開いた。10年前に妻が交通事故で死んでからは，1人で店を切り盛りして（直訳：店の世話をして）行かなければならなかった。彼には，京都に住んですし屋に勤めている息子がいる。息子はよく彼に，京都に来て一緒に暮らすようにと言う。しかし，彼は新しい場所に引っ越したいとは思わなかった。彼は「そこで（京都で）新しい友達を作るのは，むずかしいに違いない。」と考えた。

(第5段落)
　2週間後，アヤは彼の店に行った。着いてみると店は閉まっていた。2，3回老人を呼んでみたが，返事はなかった。すると，トラックがやって来て，2人の男が老人の荷物を家から運び出し始めた。アヤは「おじいさんは息子さんの家に引っ越すことに決めたんだわ。」と考えた。②アヤは悲しく感じた。

(第6段落)
　スーパーマーケットでたくさんの物を買えるのはよいことだった。しかし，レジ係と本当の会話はできず，（直訳：アヤはレジ係と本当の会話をしていないのを発見した）老人とのたくさんの面白い会話を，よく思い出すのだった。家族や友人以外の人達と話をするのは，重要なことだと彼女は考えた。1か月後，彼女は京都から手紙を受け取った。それにはこう書いてあった。（直訳は「それは言った」だが，手紙が言ったのだから「書いてあった」と訳せばよい。）「ここ京都で暮らすのは楽しいです。（直訳：私はここ京都で暮らすのを楽しんでいる。）友達ができました。それは犬です。彼を毎日散歩に連れて行くのは楽しいです。私は孤独ではありません。あなたはどうですか。おたがいに手紙を書くことによって，（by -ing「～することによって」）我々の友情を続けましょう。」彼女はこの手紙をもらってとても喜び，彼に手紙を書き始めた。（write to ＜人＞「～に手紙を書く」）今，彼女は彼のことを心配する必要はない。

〔解　説〕
1.　下線部①の前の部分を読むと，スーパーマーケットができたために，店を閉めなければならなくなるかもしれない，と言っており，それを受けて「私はこれをしたくない」と言っているのだから，this が何を指すかは明らかである。

2. まず訳してみよう。
   老人が京都に引っ越したくなかったのは,
   ア．息子が彼に，京都に来てくれと頼まなかったからである。
   イ．そこでは（京都では）新しい友達を簡単に作ることはできないと考えたからである。
   ウ．スーパーマーケットの近くに，別の店を開きたいと思ったからである。
   エ．アヤと友人たちが彼に町にとどまってほしいと，何度も（many times）頼んだからである。
       （第4段落で，老人が京都に引っ越したくない理由が，はっきりと示されている。息子は一緒に住もうとよく言ってくれたのだから，アが間違いだということはすぐにわかる。）
3. 第5段落は，老人の姿が見えなくなってしまったことを言っているのだから，アヤが悲しく感じた原因はそれである。
4. ア．アヤは老人と話をするのが好きだったので，たびたび老人の店を訪れた。(第1段落の内容と一致する。)
   イ．老人と妻はアヤが生まれた後，店を開いた。(第4段落で，店を開いたのは35年前だと言っている。第1段落で，アヤは中学生だと言っているから，店を開いたのはアヤが生まれる前である。)
   ウ．子供たちが老人を愛したのは，彼がよく公園で一緒に遊んでくれたからである。(第3段落で，老人はいつも微笑んでいて親切で，子供たちと話をしてくれるとは書いてあるが，一緒に公園で遊ぶということはどこにも書かれていない。)
   エ．アヤは，新しいスーパーマーケットでレジ係と話をすることを楽しんだ。(第6段落で，レジ係とは本当の会話はできない，と言っている。)
   オ．老人は京都に引っ越した後，京都からアヤに手紙をくれた。(第6段落の後半でそのことが示されている。)
   カ．アヤは家族と一緒に，京都まで老人に会いに行こうと決心した。(第6段落の最後で，老人に手紙を書こうという決心をしたことは述べられているが，京都へ行くということはどこにも述べられていない。)

〔解　答〕
1. 店を閉鎖すること。
2. イ
3. なかよくしていたおじいさんが引っ越して行ってしまったから。
4. ア，オ

9 ── 茨城県

[全訳]
(第1段落)
あなたは夢を持っていますか。何もかもが夢から始まります。

(第2段落)
ずっと昔は(Many years ago),宇宙旅行は夢でした。しかし,今ではただ夢であるばかりではありません。(just は only の意味になる。)宇宙飛行士は月へ行って,地球を宇宙空間から見ることができます。(space は「宇宙」「宇宙空間」)

(第3段落)
宇宙旅行について考えたフランス人がいました。彼は1865年に,「地球から月へ」という本を書きました。たくさんの人がこの本(it)を読んで楽しみました。しかし,宇宙旅行は不可能であると考えていました。(thought の後に that が省略されている。)

(第4段落)
海の下(「海の中」と意訳してもよい。)を旅することも夢でした。そのフランスの作家(the がついているから,第3段落のフランス人と同一人物)は,潜水して進む(直訳:「海の下を行く」)ことのできる船を考えました。そして,その夢はすでに実現しました。(come true「実現する・本当になる」)夢を持つことは非常に大切です。

[解説]
設問(1)～(4)の全訳を示そう。空所に当たる部分は括弧にしておく。
(1) 宇宙飛行士は我々の惑星(地球)を宇宙空間から(　　)することができる。(第2段落の最後を参照)
(2) 約130年前には,多くの人々は月へ行くことが(　　)とは考えなかった。(第3段落の最後に「～は不可能である」とあるのを参照。「不可能」とは「できない」という意味である。ただし,時制の一致があるから過去の形にする。)
(3) フランスの作家は2つのことを考えた。1つは宇宙旅行についてであり,もう1つは海の下を動くことのできる(　　)のことであった。(第4段落参照)
(4) 宇宙旅行は夢から始まった。だから,(So)我々は(　　)を(　　)することが大切だ。(第4段落;「夢を持つこと」とすればよい。)

[解答]
(1) see (2) could (3) ship (4) have, dream

10 ——— 秋田県

全訳
（第1段落）
「アメリカ人の生徒が来週私たちのクラスに来るのよ。」と先週，先生がおっしゃいました。私は外国人の友達（直訳：海外出身（from abroad）の友達）を持ちたかったので，とても①嬉しく思いました。（選択肢は happy だが，glad や pleased でもほぼ同じ意味）。とうとう，その日がやって来ました。私は彼女に話しかけました。しかし，彼女は私の英語をよく理解せず，また私も彼女の英語をなかなか理解できなかったのです。（直訳：私が彼女の英語を理解するのもまた難しかった。）私は少し②悲しくなり，（英語が通じなくて悲しくなったのである。）「私たちは友達になれないかもしれない。」（maybe は「たぶん」だが，「かもしれない」というと結局同じ意味になる。）と考えました。（said to myself は「自分に言った」だが，それは「考えた」ということである。）しかし，(A)その考えは間違っていました。（「友達になれないかもしれない」と考えたのが間違っていた，ということ。）

（第2段落）
その翌日，私は彼女に話しかけませんでした。しかし，彼女の方から話しかけてくれました。彼女はペンと，1枚の紙と，辞書を持って来ました。彼女は「ジェーン」と自分の名前を書きました。彼女は自分の家族の絵を書きました。（draw-drew-drawn は，「（鉛筆などの線だけの絵を）描く」色付きの絵の場合は paint）彼女は自分の考えを伝える（tell）ために，辞書の単語を指さしました。（直訳：示した（showed））そうやって，私たちはたのしく話し合いました。（直訳：おたがいと話しをすることを楽しんだ）私たちはすぐに親友になりました。

（第3段落）
ジェーンは私と同い年でした。しかし，私とはずいぶん（very）違った考え方をしていました。ある日，ジェーンと私はデパートに，友達のバースデー・プレゼントを買いに行きました。ジェーンはすぐにプレゼントを選びました。でも私は選ぶことができませんでした。それで，私は彼女に手伝ってくれるように頼みました。（ask A to do「A（人）に〜してくれるようにと頼む」）「どっちのペンがいいかしら。」「このノート，いいと思う？」（直訳：あなたはこのノートが好きですか。）最初，ジェーンは親切に手伝ってくれました。しかし，何度か質問をされると（直訳：いくつかの質問の後で）彼女は(B)「自分で選びなさい。」と言いました。（ここではアメリカ人の女の子は決断力がある，ということを言っている。）私は少し驚きました。

（第4段落）
その夜，私は彼女の言葉を思い出して，考えました。(C)「私はいつも他人（others）に，手伝ってくれるようにと頼んでいる。先生に質問をされると（直訳：先生が私に質問をする時には），私はいつも自分で答える前にまわりの友達（my friends around me）に聞いてしまう。私は他人に頼り過ぎる。私は自分でものを考え，自分で行動するようにしなければならない。」

（第5段落）
ジェーンは日本に1か月しか滞在しないで，アメリカへ帰って行きました。私たちはおたがいにたくさんのことを学び合いました。

〔解　説〕
(1)　全訳下線部①②の後の括弧内の解説を参照。
(2)　下線部(A)の前の" "の中の美由紀の考えを指している。
(3)　ア〜エの全訳を示そう。
　ア．我々は別の店へ行くべきだ。

イ．我々はすてきなプレゼントを買うべきだ。
ウ．あなたはもっとお金を使うべきだ。(spend「(時間やお金を)使う・費やす」)
エ．(全訳下線部(A)およびその後の括弧内の解説を参照)

(4) 下線部(C)の直後に出てくる，授業中に先生から質問されたときのことを言っている。

(5) ア～エの全訳を示そう。
　ア．ジェーンと美由紀はジェーンの滞在の間，話をしなかった。(全文を通じてよく話をしたことが描かれているのだから，本文の内容に矛盾する。)
　イ．美由紀はプレゼントを買おうとしていたときに，ジェーンに協力を求めた。(第3段落に「私は彼女に手伝ってくれるように頼みました」とあるのに一致する。)
　ウ．ジェーンは先生の質問に答える前に，美由紀から忠告をもらった。(第4段落で，美由紀が他の友人たちに助けを求める，と書いてあるが，ジェーンが美由紀から忠告をもらった，という話はどこにも出ていないから，本文の内容に一致しない。)
　エ．美由紀は世界中の人々が同じ考え方をもっているということを発見した。(第3段落でジェーンがずいぶん違う考え方をしているのを発見した，とあるから，本文の内容に矛盾する。)

(6) 日記の全訳を示そう。空所に当たる部分は下線を施しておく。
　最初，私はジェーンと英語で話をすることが①できませんでした。(be able to「～することができる」)しかし，彼女は絵を描き，辞書を使いました。私たちが外国人と話をする時には，絵と辞書がとても②役立ちます。(useful「役に立つ」)
　ジェーンはものごと(things)をする時には，いつも自分自身の考えを持っています。しかし，私は他人に頼ります。私は自分で考え，自分で決心する③必要があります。(need to「～する必要がある」)

〔解　答〕

(1) ①　オ　　②　ア
(2) (美由紀が)ジェーンと友達になれそうもない，という考え。
(3) エ
(4) 先生に質問をされると，まわりの友達に聞いてしまうこと。
(5) イ
(6) ①　able　　②　useful　　③　need

11 ──── 北海道

全訳
① 真紀子：ハイ，ヘレン。冬休みの北海道旅行はどうだった？
② ヘレン：とてもよかった。北海道を訪ねたのは初めてだったの。寒い天気の中で暮らしている，何種類かの小鳥や動物を観察することを楽しんだわ。釧路市の近くでは，タンチョウ──赤い冠の鶴を見たよ。(red-crowned cranes は tancho という日本語の説明だから，ここでは「赤い冠の鶴」と訳したが，以下は「タンチョウ」と訳す。crown は「冠」，crane は「鶴」)
③ 真紀子：A 私はまだタンチョウを見たことがないの。(次で，タンチョウの話をして，と言っているから，真紀子はタンチョウを見たことがないとわかる。) 私にタンチョウのことを話して。
④ ヘレン：いいわよ。頭の赤い部分と，顔や羽根の黒い部分とを見分けることができたわ。(「見ることができた」が直訳だが，「見分ける」と意訳することができる。) 雪の上を飛んでいたの。とても美しく見えた。だから (so)，私は英語で俳句を作ろうとしたの。
　　(1) 雪の中で遊んでいるタンチョウは冬の花だ。
⑤ 真紀子：すてき！
⑥ ヘレン：鶴は眠るときには，水の中で片足で立つのだと聞いたことがあるわ。水のほうが雪よりも暖かいからよ。
⑦ 真紀子：B 面白い！　私はそんなに長く片足で立ってはいられない。(次のヘレンのセリフが I can't, either. であるから，真紀子も can という語を使って話したということがわかる。したがって，ウが正解になる。)
⑧ ヘレン：私にもできない。別の場所では，たくさんの水鳥が北海道の川や池で泳いでいるのを見たの。そして，鳥に餌 (food は「食べ物」だが，相手が鳥だから「餌」と訳せばよい。) をやっている男の人にも会った。彼は「私たちはこういう小鳥たちを観察し，助けてやらなければならない。」と言った。
⑨ 真紀子：まあ，その人は生き物にとても優しいのね。
⑩ ヘレン：彼はこう言ったの。「あの鳥を見なさい。他の鳥にくらべて元気そうには見えないでしょう。ここへやってくる鳥たち (coming here は，後ろから Birds を修飾している。) は，ときどき体に悪い (直訳は「彼らにとって悪い」だが，それは「体に悪い」ということ) ものを食べて病気になる。この場所を訪問する人たちの中には，(2) 悪い物を持ってきて，家へ持ちかえらない人もいるんだよ。(visiting this place は，後ろから Some people を修飾している。また，Some people 「～の中には～の人もいる」と訳すのがよい。)
⑪ 真紀子：それを聞いて悲しいわ。私たちはどうしたらよいのかしら。(直訳：我々は何をすべきか。)
⑫ ヘレン：彼はこう言ったの。「ここに住んでいる学生たち (living here は後ろから Students を修飾している。) は，もっとたくさんの鳥たちに，ここへやって来てとどまってもらいたいと思っている。(want は I want you to come.「私はあなたに来てもらいたい」の構文) 彼らは春休みがやってくると，川や湖をきれいにしてくれる。」(will は未来とも考えられるが，「現在の習慣」を表していると考える方がよい。) 私たちも，その人たち (them はそういう学生たちを指す。) の手伝いができたらすてきだわ。
⑬ 真紀子：そうだ。クラスでそのことを話し合いましょうよ。

〔解　説〕
問1　A，Bとも全訳下線部の後の括弧内の解説を参照。
問2　雪の中で遊んでいるタンチョウが冬の花のようだと言っている。

問3 括弧内に適語を入れ，その部分に下線を施して全訳してみよう。
(1) ヘレンが北海道を訪問するのは初めてだった。(②の冒頭にその旨の記述がある。)
(2) タンチョウはとても美しかったので，ヘレンは英語で俳句を作った。(so…that 構文に注意。④の俳句の前に「それら（タンチョウ）は非常に美しく見えた」とある。)
(3) ヘレンは鳥たちに餌を与えている男に会った。(⑧にその記述がある。)
(4) ヘレンは春休みが来たときに，川や湖をきれいにする学生たちを手伝いたいと思った。(⑫を読めばよくわかる。)

問4 下線部(2)の上で鳥たちが「病気になる」という記述がある。その前の「体に悪いものを食べて」を含めた方がよい。

〔解　答〕
問1　A　イ　　B　ウ
問2　イ
問3　⑴　first　　⑵　beautiful　　⑶　food　　⑷　spring
問4　（鳥たちが）体に悪いものを食べて病気になる。

12 ──── 青森県

全訳
（第1段落）
　1642年12月25日，アイザック・ニュートンはイングランドの小さな村で生まれた。彼は生まれたとき病気で，他の赤ん坊よりずっと小さかった。彼の家族は彼が間もなく死ぬだろうと考えたが，元気になった。彼は1727年まで生きた。

（第2段落）
　ニュートンは農場で育った。彼は静かな少年だった。彼は物を作ることが大好きだった。彼は素晴らしい技術を持っており，本当に動く（work）木製の時計を作った。

（第3段落）
　ニュートンのアイディアは，時には（sometimes）おかしなものであることもあった。冬季は朝学校へ行くとき暗かったので，小さな紙の提灯（ちょうちん）を作った。彼は凧（たこ）で遊んでいたとき，提灯を違う方法で使うことを思いついた。（直訳すると「提灯を違う方法で使うアイディアを持った」ですが，それは「思いついた」ということです。）彼は提灯（it）を凧に結びつけた。（tie A to B「AをBに結びつける」）　彼は凧を暗い空高く（up）に見ることができたので，夜も凧（it）で遊ぶことができた。村の人々はニュートンのこと，ニュートンの飛ぶ光（提灯を付けた凧）のことをいろいろと（a lot）噂した。

（第4段落）
　若いニュートンについて，別の話もあった。ある夜，村では風が強かった。彼の母親は，風が農場の垣根（fences）を壊すだろうと考えた。彼女は彼に垣根（them）を見てくれるようにと頼んだ。彼は出て行ったが帰って来なかった。彼女は待ちに待った。彼女は彼をさがしに出て行った。彼女が彼を見つけたとき，彼は垣根から何度も何度も（again and again）ジャンプしていた。彼は風に逆らって（against the wind「風に向かって」ということ）ジャンプした。それから風と一緒に（「風を背にして」ということ）ジャンプした。彼は風がどのくらい強いかを知りたいと思ったのだ。

(第5段落)
　ニュートンは12歳のときに，村の学校をやめて (left) 町のもっと大きな学校へ行った。彼はただ物を作ることだけを考えていたので，(and を「ので」と訳してよい。) 学校の成績 (school record) は悪かった。校長は彼をよく理解してくれた。彼 (校長) はニュートンの家族に言った。「アイザックは素晴らしいアイディアと技術を持っているのだから，大学へ行くべきだ」。1661年にニュートンは大学に入った。

(第6段落)
　ニュートンは大学で科学に関するたくさんの本を読み，ノートに自分の疑問を書きつけた。その当時，彼は月に興味を持っていた。彼は考えた。「なぜ物は地面に落ちるのだろうか。もし何でも落ちるものであるならば，月もまた落ちるのだろうか。月は決して地球にぶつかることはない。なぜだろう。」彼は何年も後になって，こういう疑問に答えることができた。

(第7段落)
　ニュートンは世界で一番有名な科学者の1人になった。彼は「なぜあなたは自然の秘密について，そんなにたくさんのことを知っているのですか。」と聞かれたとき，「いつも自分の疑問について考えているからです。」と答えた。彼は一生の間，一度も (never) 研究する (studying) のをやめることがなかった。

〔解　説〕
(1)　ア．「ニュートンは生まれたときどんな具合でしたか。」
　　　1．元気だった。　　2．病気だった　　3．大きかった　　4．強かった
　　　　（第1段落に「病気だった」と書いてある。）
　　イ．「ニュートンはなぜ小さな紙の提灯を凧に結びつけたのですか。」
　　　1．冬の朝とても寒かったから。
　　　2．夜空に凧を見たいと思ったから。
　　　3．村の人々がそれについて大いに語っていたから。
　　　4．母親が，強い風が垣根を壊すと考えたから。
　　　　（第3段落中ほどから後をよく読めばわかる。）
　　ウ．「ニュートンはなぜ，垣根から何度も何度もジャンプしていたのですか。」
　　　1．垣根を壊そうとしていたから。
　　　2．母親を見つけようとしていたから。
　　　3．母親からそうするようにと頼まれたから。
　　　4．強い風に興味があったから。
　　　　（第4段落の最後に「彼は風がどのくらい強いかを知りたいと思ったのだ」とあるが，それは結局は強い風に興味があったということになる。）
　　エ．「ニュートンはいつ大学生になりましたか。」
　　　1．1642年　　2．1655年　　3．1661年　　4．1727年
　　　　（第5段落の最後を見よ。）
(2)　ア．「村の人々はニュートンはおかしなアイディアを持っていると考えた」
　　　1．彼が学校へ歩いて行ったとき
　　　2．彼が木の時計を作ったとき
　　　3．彼が飛ぶ光（提灯をつけた凧）で遊んだとき
　　　4．1642年12月25日に彼が生まれたとき
　　　　（ニュートンについて村の人たちが噂をしたという話は，第3段落の最後に出てくる。それは

提灯をつけた凧を飛ばしたときの話である。）
　イ．「ニュートンは12歳のときに」
　　1．大学生になった。
　　2．別の学校へ行き始めた。
　　3．彼は農場で働き，学校へは行かなかった。
　　4．彼は熱心に勉強し，学校の成績はとても悪かった。
　　　（第5段落で，12歳のときに町の大きな学校に転校したことが出てくる。）
　ウ．「ニュートンが自然の秘密を知ったのは」
　　1．自分の疑問について考えることを，決してやめなかったからである。
　　2．村の人々の間で人気があったからである。
　　3．他の人々が自分のアイディアを，おかしなものだと考えていると知ったからである。
　　4．いつも物を作り，決して大学で勉強しなかったからである。
　　　（第7段落に，「いつも自分の疑問について考えていたからだ」とある。）
(3)　空所に適当な日本語を埋め，下線を施して訳してみる。
　　ニュートンは農場で育った。彼は静かな少年であり，物を作るのが大好きだった。彼はよい①技術を持ち，（第2段落にそのようなことが出てくる。）木の時計を作った。
　　ときどき，村の人々には彼のアイディアを理解するのが②難しいこともあった。彼は提灯を凧に結びつけた。強い風が吹いて，母親が垣根のことを③心配したとき，彼は外へ出て，垣根からジャンプし始めた。
　　大学生のときには，科学についてたくさんの本を読み，自然の秘密について考えた。彼は一生の間，④いつも勉強していた。

〔解　答〕
(1)　ア．2　　イ．2　　ウ．4　　エ．3
(2)　ア．3　　イ．2　　ウ．1
(3)　①　skills　　②　hard　　③　worried　　④　always

13　　奈良県

全訳
①ナンシー：(A)魚がたくさんいるわ。(B)なんて美しいんでしょう。
②ヒロミ：大きな水槽の中で，いろんな種類の魚が泳いでいるのね。
③ケンジ：(C)こっちの部屋は魚の展示方法が違うよ。（直訳：この部屋の魚を見せる方法は違う。）他の部屋では1つ1つ（各々）の水槽には一種類の魚が展示されている。
④ヒロミ：そうね。この水族館では，世界の魚の一部を見て楽しむことができるのね。こんな大きな水槽で，水をきれいにしておくことは難しいと思うわ。
⑤ケンジ：水をきれいにするために，優秀な（よい）機械が使われているんだろうね。（直訳：～が使われていると私は確信している。）
⑥ナンシー：(D)大きな魚が私たちの方へゆっくり泳いで来るわ。何かしら。（この魚は何かしら，という意味。）
⑦ケンジ：ここに説明があるよ。「その魚は日本語では，ジンベイザメ(E)と呼ばれている。世界のすべ

ての種類の魚の中で一番大きい。」
⑧ヒロミ：見て。向こうの（over there「向こうの」「向こうに」）あの魚は，小鳥のように泳いでいるよ。魚は種類によっては（直訳：魚のいくつかの種類は）群れを作って泳ぐのよ。魚が水の中でどのように暮らしているのかがわかるよね。
⑨ケンジ：うん。水族館では魚のことを研究（study）することも重要な仕事だと，僕は聞いているよ。水族館で働いている人たちは，川や海で減っている（絶滅しかかっている）魚を保存しようと努力（直訳：熱心に〜しようとする）しているんだ。
⑩ナンシー：ほんとう？　水族館のそんな仕事のことなんか，私知らなかった。
⑪ヒロミ：この水族館は楽しいし，勉強にもなるね。
⑫ケンジ：(F)そのとおりだよ。

〔解　説〕
(1)　There are……. は「〜がいる」「〜がある」。a lot of は「たくさんの」。
(2)　(B)「なんて美しいんだろう。」という感嘆文。How beautiful they are！を縮めたもの。「なんて美しい魚なんだろう。」だったら，What beautiful fish they are！となる。（複数だから a は要らない。fish は単複同形だから es も要らない。）(E)は受身になっているのだから，「be 動詞＋過去分詞」の形になる。
(3)　show は「見せる・示す」だが，ここでは魚を展示することを言っている。the way of は「〜の仕方」。
(4)　run を過去進行形にする。「駅の方へ」は to the station。
(5)　ア．「ヒロミと友人たちは，先月訪問した水族館のことを話している。」今訪れているのだから，「先月訪問した」というのはおかしい。
　　イ．「ジンベイザメが水槽の中で泳いでいた。そして，それは一番大きな種類の魚だ。」⑦のケンジのセリフの内容と一致する。
　　ウ．「大きな水槽の中で，小鳥のように泳ぐ何種類かの魚がいる。」⑧のヒロミのセリフで，鳥のように泳いでいる魚は1匹。。
　　エ．「ケンジは水族館での仕事について知らないので，ナンシーにそれについて聞いている。」⑨を見ると，ケンジは知っていて，それをナンシーに教えてやっているのである。
(6)　That's right. は「それは正しい」ということで，「それ（that）」とは直前に相手が言ったことを指している。ここでは⑪のヒロミのセリフのこと。

〔解　答〕
(1)　魚がたくさんいる。
(2)　(B)　ア　　(E)　ウ
(3)　この部屋の魚の展示方法。／いろいろな魚を1つの水槽に入れて見せる方法。
(4)　The(That) girl was running to the station.
(5)　イ
(6)　この水族館で楽しむことができ，たくさんのことを学べるということ。

14 ── 神奈川県

全訳

① 「お友達のニーナが今日英語で、自分の国のことを話してくれたのよ。」とユミコは父親に言った。
② 「ノルウェーは『北への道』という意味だと教わったわ。ノルウェーの面積は日本くらいだって、お父さん、知ってた？」とユミコは聞いた。
③ 「いや知らなかったね。それじゃあ、(1)人口はどのくらいなんだね。」
④ 「約430万人よ。そして、横浜と川崎と合わせて約460万人が住んでいるの。」とユミコは言った。（ノルウェーの人口は約430万、横浜と川崎を合わせて約460万、と比較してみせたのである。）
⑤ 「それは面白い。」と父親は言った。⑥「ノルウェーは、日本(2)と同じように細長い（直訳：長くて狭い）国なんだろう。ノルウェー北部では、冬がとても長いという話じゃないか。（直訳：「～と私は聞いている」だが、「～という話じゃないか」と意訳できる。）(3)とても寒いんだよね。大きな木はあまりないんだ。」
⑦ ユミコは言った。「あ ニーナも同じことを言ったわ。 ニーナはノルウェー北部の出身なの。（come from は「～の出身だ」という意味）⑧ だから、(4)日本で夏を過ごすのは大変なのよ。（直訳：彼女が日本で夏を過ごすのは非常に難しい。）⑨ とても暑くて、湿度が高いからね。⑩ でも、ノルウェー南部では、夏は(5)暖かくて、海で泳げるの。」（直訳：人々は海で泳ぐことを楽しむ）
⑪ 父親はほほえんで言った。「ノルウェーのことをずいぶん教わったじゃないか。⑫ ああ、テーブルの上の物を見てごらん。⑬ ノルウェーの物が1つある。（⑦の come from の from と同じで、from は「出身」を表しているが、「ノルウェーからの物」と訳すと硬い直訳になってしまうので「ノルウェーの物」と訳した。）⑭ 何だかわかるかね。」
⑮ ユミコは答をさがした。（「考えた」ということ）⑯ 鯖（さば）、サラダなど（直訳：鯖、サラダおよび他の物）があった。⑰ 父親は少し待ってから言った。「うん。助けてあげよう。（ヒントをあげる、ということ）⑱ 海で取れるものだよ。」（直訳：我々はそれを海から手に入れる。）⑲「海？ 答は鯖かしら。」⑳「そうだよ。ノルウェー産なんだよ。㉑店でそう教わったんだ。」と父親は言った。
㉒「ほんと？ テーブルの上に世界があるのね。」（直訳：我々はテーブルの上に世界を見ることができる。）

〔解 説〕

(ア) 設問の箇所の後の④で430万という数字が出てきて、さらにその後に横浜や川崎の人口の話が出てくるから、「人口はどのくらいだ」と聞いていることがわかる。3は「ノルウェーはどのくらい大きいのか」ということで面積を聞いていることになる。4の「ノルウェーには何人の人々がいますか」が人口を聞いていることになる。
(イ) 「長くて狭い」というのが「細長い」という意味だとわかれば、「日本のような」と言っているのだと察しがつく。
(ウ) (3)では「ノルウェーは（一般に）非常に寒い」と言っているのであり、(5)では「ノルウェー南部では夏は暖かい」と言っていることを考えれば問題はない。
(エ) ノルウェーは寒くて、夏でもそう暑くならないから、日本の暑くて湿度の高い夏はしのぎにくい、と言っている。
(オ) 「何と言おうかな」と考えたので「答をさがした」ことになる。look for「～をさがす」
(カ) 「ニーナも同じことを言った」というのだから、父親ではなくユミコのセリフであることは明らか。「あ」はユミコのセリフの中にあり、「い」は父親のセリフの中にある。
(キ) ②を参照。

(ク) 1.「ノルウェーは横浜と同じくらい大きい。」というのは，面積のことを聞いていることになる。②に「ノルウェーは日本と同じくらいの大きさだ。」とあるのに矛盾する。
2.「ニーナはノルウェー出身であり，英語を話せる。」①⑦などを見れば，本文の内容に一致することがわかる。
3.「日本の鯖には，ノルウェーから来ているものはない。」（日本で売られている鯖はノルウェーから輸入したものはない，という意味。）⑳を読めば，日本で売られている鯖の中にノルウェー産のものがあるということがわかるから，本文の内容に矛盾する。
4.「ユミコはニーナと一緒に，北ノルウェーに住んでいる。」本文全体から，ユミコもニーナも現在は日本におり，ユミコはノルウェーには一度も行ったことがないようである。したがって，本文の内容に矛盾する。
5.「ノルウェーでは場所によって（直訳：ノルウェーのいくつかの場所では）夏に海で泳げる所もある。」⑩の内容に一致する。

〔解　答〕
(ア) 4　(イ) 2　(ウ) 2　(エ) 1　(オ) 3　(カ) あ　(キ) 4　(ク) 2，5

15——埼玉県

[全訳]
（第1段落）
　みなさん，こんにちは。私にはペルー人の友達（直訳：ペルーからの友達）がいます。彼女の名前はカルメンです。私は彼女との友情を通して，たくさんのことを学びました。今日，私はその学んだこと（them）のうちのいくつかについてお話しします。
（第2段落）
　私たちは他の国の友達と言葉を使わずに，（without -ing「～することなしに」），意志を伝え合うことができるでしょうか。ええ，できます。カルメンと私が最初に出会ったとき，カルメンは日本語を話せず，私はスペイン語を話せなかった①ので，どうしたらよいかわかりませんでした。それで，私たちは意志を伝え合うために，ジェスチャーや絵を使いました。とても役に立ちました。
（第3段落）
　意志を伝えやすくするためには（直訳：よりよいコミュニケーションのためには），何が大事でしょうか。外国語を習うのが重要だと私は考えます。おたがいの理解を助けるために，（直訳：お互いをもっとよく理解するために）私は彼女に日本語を教え，彼女は私にスペイン語を教えてくれました。それで（So），私はスペイン語を少し話すことができます。今，私はみなさん（you）に面白い言葉をご紹介したいと思います。スペイン語の単語②casa（カーサ）はどんな意味でしょうか。雨が降るときに我々が必要とするものではありません。（日本語の「傘（かさ）」と発音が同じだから，ジョークを言ったのである。）家という意味なのです。面白くありませんか。
（第4段落）
　みなさんは将来の夢を持っていますか。カルメンは「夢を持つことが大切なのよ。」といつも言っていました。ある日，彼女が私の家へ来たとき，彼女は言いました。「世界には，十分な食べ物を食べられない（do not have だが，「食べられない」と訳してよい。）子供たちがいます。また，家族のために働かなければならないので，学校へ行くことのできない子供がたくさんいます。私は本当に③そうい

う子供たちを助けたいのです。」
(第5段落)
　カルメンのおかげで，私はコミュニケーションと外国語と夢を持つことが，大切だということを学びました。(直訳：～と～と～の重要性を学んだ。) 将来私は，カルメンと私がもっとよく意志を伝え合うことができるように (so that…can は「～できるようにと」)，スペイン語を勉強したいと思っています。また，私は日本の生徒たちに，スペイン語を教えたいとも思っています。

〔解　説〕

問1　文脈から明らかであるが，Carmen did not speak Japanese and I did not speak Spanish. は Carmen and I did not know what to do. の理由になっている。

問2　設問の英文を全訳してみよう。
　　ケイコとカルメンが最初に会ったとき，意志を伝え合うために何が役に立ちましたか。
　　ア．外国語　　イ．スペイン語と日本語　　ウ．ジェスチャーと絵　　エ．彼女たちの夢
　　(第2段落の最後を読めばわかる。)

問3　第3段落の最後に It means a house. とある。

問4　第4段落の後半のカルメンのセリフに「世界には……子供たちがいます。また，……子供がたくさんいます」とあり，下線部③の those children はそういう子供たちのことを言っている。

問5　設問の英文を全訳してみよう。
　　ア．ケイコとカルメンはたがいに自分の言語を教え合った。(第3段落の3番目の I taught で始まる文の内容に一致する。)
　　イ．ケイコは自分の学校の先生からスペイン語を習った。(第3段落でカルメンから習った，と言っており，学校で習ったという記述はどこにもない。第5段落の最後では，将来は自分がスペイン語を教えたい，と言っているだけで，学校で習ったということではない。)
　　ウ．ケイコはカルメンの家に行ったときに，カルメンの夢について聞いた。(「家＝house」という単語はスペイン語 casa の説明に出てくるだけで，ケイコがカルメンの家に行ったという記述はどこにもない。)
　　エ．ケイコとカルメンは，将来の夢について一度も考えたことはなかった。(第4段落でカルメンが自分の夢を語っており，第5段落ではそれに影響を受けて，ケイコも自分の夢を持つようになった，という記述があるから，その内容に矛盾する。)

〔解　答〕

問1　イ
問2　ウ
問3　house
問4　十分な食べ物を得られない子供たち，学校に通えない子供たち
問5　ア

16 ——— 長崎県

全訳

（第1段落）
　毎年多くの人が長崎へやってくる。彼らは長崎（it）は訪問するのによい場所だと思っている。そして，本当にそうなのだ。長崎には有名な場所や面白い物（直訳：見るべき面白い物。問1のウの「催し物，展示物など」がこれに当たる。）がたくさんある。しかし，我々のように長崎に住んでいる人々は，(a)そういうもの（them は有名な場所や面白いもの）についてあまり知っていないことがある。(we と the people who…… は同格になっていて，「我々，つまり長崎に住んでいる人々」また，sometimes は「こともある」「場合がある」）それで，我々にとっても，長崎を紹介するのはたやすいことであるとは限らない。（ちょっと意訳してみました。上に述べた sometimes の意味から，この意訳のニュアンスがわかるでしょう。）

（第2段落）
　マサオは長崎の高校生だ。彼はアメリカに友達がいる。名前はジュリーという。おたがいによく手紙のやりとりをしているが，まだ会ったことはない。

（第3段落）
　ある日，ジュリー（she）はマサオ（him）に電話をかけてきて言った。「この夏，家族と一緒に日本を訪問するの。私が日本を訪問するのはこれが初めてよ。長崎であなたに会いたいわ。」最初，ジュリーがあんまり速いスピードで話すものだから，マサオは彼女の言うことを理解できなかった。それで，彼は彼女に，ゆっくり話してくれるようにと頼み，やっと（直訳：at last は「とうとう」）理解できた。話している途中で彼女は，「長崎の案内をしてもらえるかしら。」と言った。「もちろんだよ。」とマサオは答えた。彼らは話を大いに楽しんだ。

（第4段落）
　さて（Now），(1)マサオはジュリーを，どこへ連れて行くべきかを考えなければならなくなった。彼は考えた。「たぶん彼女は，原爆のことを知りたいだろう。だから僕は，彼女を平和公園へ連れて行こう。平和公園（it）のことなら，僕は多少（something）は知っているのだから。彼女はどんな食べ物が好きなのだろう。チャンポンは好きだろうか。多分気に入ってくれるだろう。他に長崎で，彼女に見せてやれるものがあるだろうか。」それから，彼は自分が長崎のことをあまり知らないということに気づいて，次のように考えた。「ジュリーは長崎のことについて，僕にたくさんの質問をするだろう。でも，(b)僕はあまりうまくは答えられるとは思えない。」

（第5段落）
　マサオはこのことを母親に語った。母親は「(2)彼は長崎（文末の it）を紹介する本を読んで（by -ing 「～することによって」）長崎のことを学んだ方がよいだろう。」（文頭の it は for him to learn…… を受けた仮主語）と考えた。それで，彼女は「心配ないわ。図書館へ行って，長崎に関する本を見つけなさい。」（直訳：見つけようとせよ）と言った。「それはよい考えだ。お母さん，ありがとう。」と彼は言った。

（第6段落）
　翌日，彼は図書館へ本を見つけに行った。図書館で（There），彼は(c)マサオのような人々（people like Masao／マサオは長崎のことを調べるために図書館へ行ったのだから，そのような目的で図書館を利用する人々のことを言っている。）にとって，役に立つ本を何冊か見つけた。彼は2，3日後（「数日後」でもよい。）にそれらを読みおえた。それから，彼は長崎中を回って，本に紹介されていた有名な場所を訪問しに行った。その後で，彼は悟った。(realize「悟る・理解する」)「長崎は素晴らしい町だ。住民（the people）はすてきで親切だ。(nice も「親切」という感じだが，kind と重なるので「す

てき」と訳してみた。「優しくて親切だ」と訳してもよい。）歴史的に有名な（historic）場所がたくさんある。それに，青い空と美しい海を楽しむことができる。」今（now は「そこで」と訳してもよい。），彼は(d)準備ができたと思った。（ジュリーに長崎を紹介しようと努力していたのだから，その準備ができた，ということ。）彼はまた考えた。「僕はジュリーに長崎を教えることによって，僕の英語がうまく（直訳：よりよくなる）なればよいと思う。」

（第7段落）

　その日が来た。（ジュリーの到着の日が来た，ということ。）彼は長崎駅へジュリーを迎えに行った。（meet は「～を出迎える」の意味でよく使われる。）列車が到着した。彼は手の中のジュリーの写真を何度も何度も（again and again）見た。そして待った。とうとうジュリーが出てきた。彼にとって，彼女を見つけることは難しくなかった。「やあ，ジュリー。僕の故郷の町長崎へようこそ。」とマサオは大きな笑顔（本当ににこやかな笑顔，というほどの意味）で言った。「長崎を案内して上げるよ。最初にどこへ連れて入ってもらいたい？」

〔解　説〕

問1　全訳下線部(a)の後の括弧内の解説を参照。ウの「催し物，展示物」は第1段落中ほどの interesting things to see を指している。

問2　ジュリーから長崎のことを質問されても，うまく答えられないのではないかと心配しているのである。

問3　全訳下線部(c)の後の括弧内の解説を参照。

問4　全訳下線部(d)の後の括弧内の解説を参照。

問5　ア～カの英文を全訳してみよう。

　ア．長崎を訪問する人は誰でも，長崎に（there）住んでいる人よりも長崎（it）のことをよく知っている。（第1段落では，長崎に住んでいる人も長崎のことをよく知っているとは限らない，と言っているが，長崎を訪問する人の方がよく知っている，とまでは書かれていないから，本文の内容に一致はしない。）

　イ．ジュリーがマサオに電話をかけたとき，彼女はゆっくり話す必要はなかった。（第3段落で，マサオはよく聞き取れずに，ゆっくり話してくれ，と頼んだのであるから，ゆっくり話す必要があったのである。したがって，本文の内容に矛盾する。）

　ウ．マサオが図書館で見つけた本は，彼に長崎についてたくさんのことを教えてくれた。（第6段落で，役に立つ本を何冊か見つけて，数日で読みおえた，とあるから，たくさんのことを教わったのである。したがって，本文の内容に一致する。）

　エ．マサオはジュリーが日本の食べ物を非常に好きだと知って嬉しかった。（第4段落では「どんな食べ物が好きなのだろう。チャンポンは好きかしら」と言っており，その後食べ物の話は出てこないから，ジュリーが日本の食べ物が好きだという記述はどこにもないことになる。したがって，本文の内容と一致はしない。）

　オ．マサオの母親はマサオに，ジュリーが長崎に来る前に英語を熱心に勉強するようにと言った。（第5段落で母親は，長崎のことを勉強するようにとは言っているが，英語を勉強せよ，とは言っていない。したがって，本文の内容に一致しない。）

　カ．マサオはジュリーの顔を知っていたので，駅でジュリーを見つけるのは簡単だった。（第7段落に，写真を見て簡単に彼女を見つけた，という記述があるから，本文の内容に一致する。）

問6　設問の英文を全訳してみよう。空所に当たる部分に下線を施しておく。

　ジュリーはマサオに，長崎を案内してくれるようにと頼んだ。彼はそうするのは，彼にとっては難しいことだと考えた。なぜなら，彼は長崎についてあまり知らなかったからである。それで，彼は彼

女に会う前に何冊かの本を読み，有名な場所を訪ねた。それから彼は考えた。「僕は十分に学んだ。(enough は learned の目的語だから代名詞。直訳すれば「十分なもの（こと）を学んだ」) そして，長崎についてジュリーに教えることは，僕の英語をもっとよくするだろう。」(「ジュリーに長崎のことを教えてやれば，僕の英語も上達するだろう」などと意訳してもよい。make him happy なら「彼を幸せにする」だが，それと同じように make my English better が「僕の英語をよりよくする」となる。)

〔解　答〕
問1　ウ　　問2　イ　　問3　エ　　問4　イ　　問5　ウ，カ
問6　(ア) difficult　(イ) make　　問7　全訳下線部(1)(2)を参照。

17 ── 静岡県

全訳

（第1段落）
　正夫は学校の科学部に所属している。5月に科学部の生徒たちは，科学の研究のためにメダカが必要になった。科学部の先生は，メダカを捕まえることができたら持ってくるように，と言った。(文末の the fish は「その魚」ということでメダカのこと。その前の the club も「そのクラブ」ということで科学部のこと。ask＜人＞to do「～するようにと頼む」)

（第2段落）
　正夫は父親にそのことを告げた。父親は「メダカをみつけることはたやすいと私は思う。行って捕まえよう。」と言った。正夫と父親は家の近くの小さな川をのぞき込んだが，メダカは見つからなかった。それで，彼らは家から遠い別の川へ行った。彼らは一生懸命努力して，メダカ（the fish）をⓐ捕まえた。しかし，ほんの少しだった。正夫は「メダカを見つけるのは難しい。」と言った。父親は「何年も昔には，川にはたくさんメダカ（a lot は a lot of medaka の意味）が見えたが，今では見えない。」と言った。

（第3段落）
　科学部の他の生徒たちは，1匹もメダカを見つけることができなかった。科学部の生徒たちは，メダカの数が本当に少なくなりつつあることを理解した。(number や population（人口）は「多い」は large，「少ない」は small という。)

（第4段落）
　メダカの研究の後，正夫は「このあたりではメダカはほとんど見つからなかった。メダカを学校で飼ってふやそう。」(直訳：メダカを学校で飼うことによって，もっとたくさんのメダカを持ちましょう。Why don't we……?「～しましょう」by -ing「～することによって」) と言った。科学部の先生は「校庭に小さな池を作ることができるかもしれない。」と言った。科学部の生徒たちはメダカのためによい池を作る方法を研究（study）した。

（第5段落）
　科学部の生徒たちは一緒に働き始めた。彼らは砂と石を池の中へ入れ，たくさんの水草を持って来た。とうとう彼らは新しい池を作り終えた。それで，生徒たちのメダカは新しい家をⓑ与えられた。

（第6段落）
　2か月が過ぎ去った。7月のある日，科学部の生徒たちは池を見た。「水草にメダカの卵がたくさんついている。」(直訳：水草は我々のメダカからのたくさんの卵を持っている。)と生徒の1人が言った。

別の生徒は，池の近くで大きなトンボを見た。それはそのあたりでは新しい種類のものだった。科学部の生徒たちは，注意深く観察し，たくさんの小さな動物たちが，池の中やまわりで暮らしているのを知った。先生は「池は今では自然でいっぱいの場所になったのだ。」と言った。正夫は「僕たち一人一人が，小さな動物たちのための小さな場所を持ったら，動物たちは僕たちのまわりに帰ってくるのではないだろうか。」と言った。彼の言葉を聞いた後，先生と他の生徒たちは正夫に「君はよいことを言った。」と言った。

〔解　説〕

(1) a．catch はその前の tried と並んだ立場にあるのだから，過去の形にする。　b．「生徒たちのメダカは新しい家を与えられた」と受身になっているから「過去分詞」を使う。なお，能動の形にすると，Then they gave the students' medaka a new home. となる。

(2) ① 「正夫と父親は家の近くの川でメダカをつかまえましたか。」第2段落を見ると，近くの川では全然つかまらなかったから，遠くの川まで取りに行ったことがわかる。

② 「7月のある日，科学部の生徒たちは池で何を見つけましたか。」第6段落に出てくる。「メダカの卵」「小さな動物たち」などと答える。「水草」は前からあったものだから「見つけた」という答としてはふさわしくない。

(3) 第4段落。先生から「校庭に小さな池を作ることができるかもしれない」と言われて，その作り方を研究したのである。

(4) 括弧を括弧のままに残して訳してみる。
　　「科学部はよい仕事を持った！　科学部の生徒たちは新しい池を作った。なぜか。我々のまわりにはメダカはほとんどいなかった。そして彼らは自分たちの池で（　　）と望んだのだった。今では池は自然でいっぱいの場所である。」括弧内には「メダカを飼いたい」という文がくる。「飼う」は have, keep．「メダカ」は medaka のままでもよいし，「（もっと）たくさんのメダカ」ということで，more medaka あるいは a lot of medaka などとする。前の文に medaka がすでに出てくるから，more だけ a lot だけでもよい。なお外来語（英語から見れば日本語は外来語）の名詞は，単複同形になるのがふつうなので，medakas とはしない。

(5) ア「7月に，メダカの池の近くでトンボが見られた。」第6段落に出てくる。
　イ「科学部の生徒たちは，メダカの数が減りつつあることを知った。」第3段落。
　ウ「先生は科学部の生徒たちに，できたらメダカを持ってくるようにと頼んだ。」第1段落。
　エ「池を作るために，科学部の生徒たちはたくさんの水草を持ってきた」。第5段落。

(6) 「君はよいことを言った」と言っており，それは，その前の正夫の言葉を受けている。

〔解　答〕

(1) ⓐ caught　　ⓑ given
(2) ① No, they didn't.
　② They found many (a lot of) small animals there. / They found many (a lot of) eggs from their medaka. / They found the water plants had many eggs from their medaka. (have, our が had, their に変わることに注意)
(3) メダカを飼うための池を作るよい方法。(「池の作り方」だけではやや物足りない。)
(4) have more medaka / keep a lot of medaka / keep medaka
(5) ウ　イ　エ　ア
(6) 一人一人が，小さな動物たちのために小さなスペースを作ってやれば（持てば），動物たちは戻って来る，ということ。

18 ──── 鳥取県

全訳

（第1段落）
　私たちがプレゼントについて話していたとき，ニックが「何を買うかをおたがいに言うべきではない。」と言った。私は①この考え（ニックの言った考え。前にニックが述べた内容のことである。）が気に入らなかったので「同じものを買ってしまうかもしれないよ。」と言った。ニックは私の言うことを聞かなかった。（直訳：私を聞かなかった。）それで，考えに考えた後，私は母に櫛を買って上げることに決めた。

（第2段落）
　母の日の朝，母は床を掃除し始めた。ニックと私はプレゼントを取りに走って行った。戻って来た時，母は膝をついて，（on her knees は「自分の膝の上で」ということから「膝をついて」になる。）ブラシで床を掃除していた。彼女はとても疲れているように見えた。②それは彼女の全然好きでない仕事だった。（not……at all「全然……ない」，「全然好きでない」の部分が関係詞節になる。）

（第3段落）
　ニックはプレゼントを母に見せた。「母の日おめでとう。」と彼は言った。母はちょっとの間，何も言わなかった。それから母は「あら，ありがとう。すてきなしぼり機付きのバケツとモップね。」と言った。母は急いでまたブラシで床を掃除し始めた。嬉しそうには見えなかった。

（第4段落）
　ニックの目から涙がこぼれてきた。彼はバケツとモップを拾い上げた。それ（them）を持って，家から走り出た。私は櫛をポケットに入れた。彼の後を追った。（run after「〜を追いかける」）彼（ニック）は泣いていた。私も悲しかったので泣き始めた。

（第5段落）
　父も家から出て来た。彼は何もかも（everything）知っていたが，私たちに「おまえたち，どうしたんだ。」と聞いた。
　「③僕はこのバケツとモップを店に返しに行くんだ。」とニックは叫んだ。
　「だめだ。」と父は言った。彼はバケツとモップを取った。

（第6段落）
　「お母さんは疲れていて，（too−to− 構文。「知るには疲れ過ぎている」という理屈）すてきなプレゼントだということがわからないんだ。これを使えば仕事が楽になる。（直訳：これらは彼女の仕事をより易しくするだろう。make の第5文型で，She made him happy．（彼女は彼を幸せにした）のパターン）しかし，④プレゼントをもっとすてきなものにすることができる。（前の文と同じ make の第5文型。下に出てくるように，手伝いをすれば，プレゼントがもっと引き立つ，ということ。）一緒に来なさい。」

（第7段落）
　私たちはみんな家へ入って行った。母はまだブラシで床を掃除していたが，あまり熱心ではなかった。（否定文の中の very は「あまり〜でない」）父は母の所へ行って「このしぼり機付きのバケツとモップはニックのプレゼントの一部に過ぎないんだ。（just はよく only の意味で使われることがある。）彼は今から床を掃除するんだ。」と言った。彼はニックを見た。「⑤ニック，そうだったよな。」
　「うん。ああ，そうだよ。」とニックは言った。

（第8段落）
　母はすまないと感じた。（プレゼントをもらったときに，冷たくしたことを悪いとおもった。）「ごめんなさい，ニック。あんたが手伝ってくれるつもりだとは知らなかったのよ。でもこの仕事は，あん

たにはきつすぎるわ。」(hard は「(仕事などが)きつい」)

「ああ」と父が言った。「このすてきなプレゼントを使えば，それほど (so) きつくないよ。」父は⑥それの (them はバケツとモップのこと) 使い方を教えた。(「プレゼントを使えばきつくないよ」と言った後のことだから，実際にバケツとモップを持って，模範を示したものと察しがつく。)母はニックに言った。「ありがとう。ニック。優しい息子ね。」彼女はニックにキスしてほほえんだ。

(第9段落)

それから，彼女は私の方を向いて言った。「……⑦……」

私はポケットの中の櫛に触った。私は言った。「僕はニックと一緒に床を掃除するよ。」

(解　説)
問1　ア．第1段落で「おたがいに何を買うかを言わないでおこう」とニックが提案し，その意見が通ったのだから，本文の内容に矛盾する。
　　イ．第6段落でお父さんは「お母さんは忙しすぎてわからない」と言っているのだから，お父さんにはわかっていた，ということになる。
　　ウ．そのような記述はどこにも見られない。
　　エ．第8段落で，お父さんは実際に使ってみせて，使い方を教えたのであるが，お母さんが使ってみたという記述はどこにもない。
　　オ．少年とは筆者のこと。第9段落で，ポケットに手を入れて櫛に触っただけで，実際には渡さなかったことが書かれている。
　　カ．筆者は第9段落で母に「あなたのプレゼントは何なの」と聞かれて(……の部分)急にニックと一緒に掃除をしようと思い立ったのだから，初めから手伝うつもりではなかったことがわかる。
問2　問3　それぞれ全訳下線部の該当部分の後の括弧内の解説を参照。
問4　お母さんにプレゼントを気に入ってもらえなかった様子だったので，やけくそになったのである。
問5　掃除用具をプレゼントするつもりなのだから，それを有効に使えば，プレゼントはもっと素晴らしいものになる。そのためにはどうしたらよいかを考える。それを本文の後の部分でニックは(お父さんに言われて)実行したのである。
問6　お父さんは，お母さんの目の前で，ニックに向かって「掃除をするつもりなんだよな」と言っている。ニックが実際に手伝うきっかけを作ってやっているのである。
問7　全訳下線部⑥の後の括弧内の解説を参照。
問8　ニックのプレゼントの話が一段落した後で，筆者に向かって聞いたのだから，「あなたのプレゼントは何なの」「あなたは何を買ってくれたの」などが考えられる。その後で，ポケットに手を入れて，プレゼントに触っているのだから，プレゼント関係の質問であることは明白。したがって，「あなたも手伝ってくれるの」などは適切ではない。

(解　答)
問1　イ，オ
問2　母の日のプレゼントに何を買うかをおたがいに教え合うのはよそう，という考え。
問3　It was a job she didn't like at all.
問4　ア
問5　自分が買った贈り物を使って，お母さんの掃除の手伝いをする。
問6　エ
問7　エ

問8　What is your present ? / What did you buy for me ? / What are you going to give me ?

19 ——— 富山県

全訳

①セーラ：美紀，すてきな休日を過ごしましたか。
②美紀：はい。過ごしました。母と一緒に(1)料理を楽しみました。家族が，私の作った物を何でも気に入ってくれたので，私はとても嬉しく思いました。あなたはどうでしたか。セーラ先生。
③セーラ：私はとても忙しかったのです。私はこの町の他のＡＬＴ（何かの団体名であろう）の人たちと一緒に，ロックミュージックの練習をしました。
④美紀：他のＡＬＴの人たちと一緒に？　コンサートを開くのですか。
⑤セーラ：コンサートではありません。今度の土曜日にチャリティショーを開くのです。今回の練習（It は③で言った他のＡＬＴの人たちと一緒の練習のこと）は，そのショーのためのリハーサルでした。
⑥美紀：わかりました。ＡＬＴの人たちは何人ショーに参加するのですか。
⑦セーラ：約20人です。ロックミュージック，歌，ダンス，ゲームなどがあります。私たちは切符を売り，そのお金は特別に困った人たち（直訳は「特別の必要を持った人たち」だが，それは「特に困っている人たち」ということ。辞書を引くと need「困窮」という意味も載っているが，それを知らなくても察しをつけられるようになってほしい。）のために使われます。
⑧美紀：(2)なんてすてきなんでしょう。（セーラの話を聞いて感動しているのである。）そういうショーを毎年開くのですか。
⑨セーラ：そうですよ。これが８回目のショーです。７年前に私たちは，初めてチャリティショーを開きました。
⑩美紀：まあ，長い歴史があるんですね。(3)どうやって始まったか知っていますか。（⑨で「７年前に私たちは……」と言っているが，「私たち」とはＡＬＴのことであり，セーラが最初から参加していたとは限らない。そこで「知っていますか」という問が成り立つのである。）
⑪セーラ：ええ。ＡＬＴの何人かの人たちが，この町の人たちがＡＬＴにいつも親切にしてくれたので，何かして上げたいと思ったのです。それで，ＡＬＴの人たちは人々を招待して，(4)小さなショーを開きました。それが，特に困っている人たちのためのチャリティショーになったのです。今，私たちは毎年ショーを開いています。
⑫美紀：それは素晴らしい。（great は「すばらしい・すごい」などの意味になる。）それを知って嬉しいです。
⑬セーラ：美紀。(5)ショーにいらっしゃいな。（次の美紀のセリフが場所と時間を聞いているから，ここでセーラが，ショーへいらっしゃいという誘いの言葉を言ったことがわかる。）
⑭美紀：きっと行きます。いつどこへ行ったらよいのか教えてください。
⑮セーラ：第一劇場で２回ショーが開かれます。最初のショーは午後２時，２回目の(6)ショーは６時30分です。（the second show のあとには，the first show の後の語句と同じものが省略されているる。）
⑯美紀：わかりました。私は家族と一緒に最初のショーを見ます。（one は前に出てきた名詞を受ける代名詞で，ここでは show の意味）
⑰セーラ：ありがとう。（good も文脈によっては「ありがとう」でかまわない。文脈に則した訳を付

けられるように練習してほしい。）楽しんでください。（直訳：あなたが楽しい時を過ごすように私は希望する。）

〔解　説〕
(1)　enjoy は動名詞を目的語に取る。（例）　He enjoyed playing baseball.
(2)　ア．「すみません・残念です。」
　　イ．「なんてすてきなんでしょう。」
　　ウ．「あなたは何が必要なのですか。」
　　エ．「いくらですか・どのくらいたくさんですか。」であるから，下線部(2)に入るものはおのずから決まってくる。（なお下線部(2)の後の括弧内の解説も参照）
(3)　「それはどのように始まりましたか」だったら，How did it start? であるが，ここではその前に Do you know がついて間接疑問になっているから，平叙文の語順になって，did は消える。
(4)　⑩の前半に，町の人たちに親切にしてもらったからショーを開いたという記述がある。困っている人たちのために，というのはチャリティショーのことだから，ここでは不適切。
(5)　「あなたも来ませんか」という意味の文を入れる。Will you……? または Please…… で初めて，come to see などを使う。see はなくてもよい。
(6)　下線部(6)の直前に The first show will start at two…… とあるのがヒント。
(7)　空所を埋めて（下線を施しておく）ⓐ～ⓒの全訳を示す。
　　ⓐ　休日にセーラが<u>とても忙し</u>かったのは，チャリティショーのためにロックミュージックを練習していたからだった。（③の冒頭がヒント）
　　ⓑ　ＡＬＴがこの町で，最初のチャリティショーを開いてから<u>7年</u>が経った。（⑨に7年前に最初のショーを開いた，とある。）
　　ⓒ　美紀は土曜の<u>午後2時</u>に始まるショーを見るつもりだ。（⑮⑯を読めばわかる。）

〔解　答〕
(1)　cooking
(2)　イ
(3)　Do you know how it started
(4)　町の人たちがいつも親切にしてくれているので，感謝の気持ちを表したいという思いから。
(5)　will you come to see the show ? / please come to the show. など。
(6)　will start
(7)　ⓐ　very busy
　　ⓑ　Seven years（文頭だから大文字で書き始める。）
　　ⓒ　two in the afternoon

20——東京都

全訳

①子供の頃，私は本当に兄貴のトムが好きだった。②彼は野球チーム「ドリームズ」（英語では複数の固有名詞には，必ず the を付ける。日本語にするときは，「ザ」は付けなくてよい。）のエース（the best pitcher）だった。③私はいつもトムとキャッチボール（play catch）をしていた。④彼は速い球を投げたので，私は捕球できないことがよくあった。⑤彼はいつも私に「マーク，もう（yet）満足したかね。」（直訳：十分に持ったか）と聞いた。⑥しかし，私はもっとキャッチボールをしたいと言うのだった。⑦私はトムのようなよいピッチャーになりたかった。

⑧私は10歳のときに，「スターズ」というチームに入った。⑨私がドリームズに入らなかったのは，スターズの私の友人たちがスターズに入るように願ったからだった。（the Stars は複数なので them で受けている。）⑩私は毎週土曜日の午後，チームで（「チームのみんなと一緒に」というニュアンスで with が使ってある。）熱心に練習した。⑪次の夏が来た。⑫私のチームはドリームズと対戦することになった。⑬私は「トムの速球を打ちたいが，速すぎて私には打てないだろう。」と考えた。⑭私は以前よりも熱心に速球を打つ練習をした。（practice -ing「～することを練習する」）⑮私は試合のことをトムと語り合った。彼は「(1)俺の速球で俺のチームが勝つことになるだろう。」と言った。

⑯ある土曜の午後，我々は試合をした。⑰試合は１時に始まった。⑱母が見に来た。⑲誰もトムの速球を打てなかった。⑳ゲームは終わりに近づいていた。㉑私の最後のチャンスがやって来た。㉒私は彼の速球を打たなければならなかった。

㉓「ストライク・ワン」と審判が叫んだ。㉔「わあ，速い。」と私は思った。㉕トムは偉大に見えた。

㉖彼はまた投げたが，私はそれも打つことができなかった。㉗「次のボールを打て，マーク。」と私のチームの選手たちが叫んだ。㉘私は考えた。「僕はどうすることができるだろうか。㉙試合が始まってから，誰も彼の速球を打っていない。㉚しかし，僕はチームのために打たなければならない。」㉛トムはまた投げた。㉜また速球だった。（another fastball は「別の速球」ということで「また速球」と訳せばよい。）㉝私はじっとその球を見ていた。（keep one's eyes on「～をじっと見る」）㉞今度はそれを打つことができた。㉟私は空のボールを見つめて，それから走り始めた。㊱ドリームズの１人の選手が速く走ってきて，ボールを捕まえようとしたができなかった。㊲私はセーフだった。㊳私のチームの誰もが叫んだ。㊴「やった，やった。」㊵私はとても嬉しかった。㊶しかし，トムを見ると，私はもう嬉しい気分にはなれなかった。（not……any more「もはや～ではない」）㊷彼は私を見つめていた。㊸彼は嬉しそうではなかった。㊹私のチームの次の選手はトムの速球を打てなかった。㊺それで試合は終わった。㊻ドリームズが勝った。

㊼試合が終わった後，私はトムの所へ行ったが，何と言ったらよいのかわからなかった。㊽彼はほほえんで，私に「おまえ俺の速球を上手に打ったな。」と言った。㊾私は「ありがとう。」と言った。㊿トムは私に言った。「おまえは今日，俺の速球を打った。しかし，次回はもっとずっと速いぞ。わかったか。」(51)私はほほえんで彼に言った。「うん。もっと熱心に練習するよ。トム。」(52)母は我々の話を聞いて，言った。「(2)トムとマーク。ふたりともよくやったね。」（do a good job「よい仕事をする」）(53)彼女はとても嬉しそうだった。

(54)我々は家に向かって歩き始めた。

〔解　説〕

問１　「(　　)だから僕のチームは勝つことになる」の括弧内にア～エから適当なものを入れよ，という問題である。ア「おまえは速球を打つ練習をしなかったから」。イ「おまえは僕の速球を受け取ることができないから」。ウ「誰も僕の速球を打てないから」。エ「僕は速球を捕まえることができ

るから」。トムは自分の速球に自信があるからこういうことを言ったのである。アやエはとんちんかんだ。また，敵の打者であるマークに向かって言っているのだから，イもおかしい。

問2　トムとマークの両方をほめているのである。Tom, your team……で始まる文は「トム，あなたのチームは試合に勝った。マーク，あなたはトムの速球を打つことができた」である。「試合に勝つ」は win the game である。game の代わりに match も可能だが，本文で game が使われているから，game の方がよい。また，win だけでも「勝つ」という意味だから，結局は win と win the game は同じ意味だと言える。

問3　(1)「マークは子供のときに」の後に続くものをさがす。
　　ア．「トムのことが嫌いだった」(①の内容と矛盾する。)
　　イ．「いつもトムとキャッチボールをしていた」(③の内容と一致する。)
　　ウ．「トムのようなよい選手になりたいとは思わなかった」(⑦の内容と矛盾する。)
　　エ．「トムの速球を取ることが非常に得意だった」(そのようなことはどこにも書かれていない。)
　(2)「彼は嬉しそうには見えなかった」の前にくるものをさがす。
　　ア．「トムのチームは最後に (finally) 試合に負けたので (win the game の反対は lose the game)」(㊻を見ると，トムのチームである「ドリームズ」が勝ったのである。)
　　イ．「トムの母親が試合を見たがらなかったので」(⑱に「母親が我々を見に来た」とあり，見たがらなかったとはどこにも書かれていない。)
　　ウ．「トムの速球をスターズの選手たちが簡単に打ったから」(直訳：トムの速球はスターズの選手たちが打つのにたやすかったから) (⑲およびそれ以下の文の内容と矛盾する。)
　　エ．「トムの速球が試合の終わり頃に打たれたから」(トムの速球は最後にマークが打った。それでトムは嬉しそうでなかったのである。)
　(3)「マークが試合の後でトムの所に行ったとき」の後に続くものをさがす。
　　ア．「トムはマークに何も言わなかった」(㊽の内容に矛盾する。)
　　イ．「トムは怒っていたのでマークと話をしなかった」(これも㊽以下の内容に矛盾する。)
　　ウ．「彼はトムに言うよい言葉を思いつかなかった」(㊼の内容に一致する。)
　　エ．「彼は，もう二度と自分はトムのチームと試合をしたくはない，と言った」(㊿で「次はもっと速いぞ」と言っているから，また試合をしたいと思っているのである。)

問4　(1)「なぜマークはトムのチームとは違う野球チームに入ったのですか。」(⑨にその理由が出てくる。)
　(2)「マークは試合でトムの速球を打ったただ1人の選手でしたか。」(㊹㊺㊻を見ると，マークがヒットを打った後，次の打者がアウトになってそれで試合は終わった。また㉙を見ると，それまでは誰も打てなかったのだから，結局ヒットを打ったのはマークだけだったことになる。)

〔解　答〕

問1　ウ
問2　game
問3　(1) イ　(2) エ　(3) ウ
問4　(1) Because his friends on the Stars wanted him to join them. (⑨の my を his に me を him に変えることに注意)
　(2) Yes, he was.

21 ──── 東京都

全訳

① ユカリ，メグミ，ヒロシ，ケンは，東京のミヤコ中学の英語クラブに属している。毎週金曜日，彼らはクラブ活動をする。今度の金曜日にはどのように週末を過ごすかということについて，グループ・ディスカッション（討論会）を催す予定である。

② ユカリ：さて，みなさん。英語で話を始めましょう。最初にメグミ，あなたの意見をどうぞ。

③ メグミ：はい。私たちは地域社会の手伝いをすべきだと思います。私は日曜の朝には（mornings と複数になっているのは毎週とは言わないまでも1回だけのことではないから），町の通りを掃除して，（直訳：掃除することによって。by -ing「〜することによって」）地域社会の手伝いをしています。

④ ユカリ：わかりました。すてきなお話ですね。（great は「すばらしい」というニュアンス。sound great は「すばらしく聞こえる」が直訳）次は誰の番（turn「順番」）ですか。ああ，そうですね。ケン，準備はできていますか。

⑤ ケン：はい。学校でできないことをするのが大切なことだ，と僕は信じています。（we から school までは関係詞節）　学校のある時には（On school days），両親と話をする時間があまりありません。しかし，週末には，僕は学校生活のことを両親に話します。そして，一緒に時間を過ごします。（share は「共有する」なので，「我々は一緒に時間を共有する」が直訳）

⑥ ユカリ：それも大切なことですね。(1)<u>ヒロシ，あなたの番です。</u>

⑦ ヒロシ：ええと。そうですね。……僕の意見は違います。僕たちは毎日あんまり勉強し過ぎて疲れています。だからちょっと休息すべきです。それが大切だと僕は思います。僕はふだん眠ってテレビを見ます。

⑧ ユカリ：ヒロシは休息が大切だと言っています。あなたはそれについてどう考えますか。

⑨ メグミ：ヒロシ，私はあなたには同意しません。もちろん，私たちは週末に休息をすることはできます。しかし，他の人々のために重要なことをもすべきです。

⑩ ヒロシ：週末に何かボランティア活動をすべきだと言うのですか。

⑪ メグミ：いいえ，そうは言っていません。私はただ，あなたの時間の過ごし方がよいとは思わないのです。

⑫ ヒロシ：(2)<u>でも，僕はとても疲れているのです。</u>

⑬ ケン：もちろん，僕はときどき忙しい世界から自由に（free from「〜から自由である」）なってちょっと休息したいと思います。

⑭ ヒロシ：ありがとう，ケン。君は僕に賛成してくれるんだね。嬉しいよ。

⑮ ケン：まだ終わっていないよ，ヒロシ。君は休息したり，あるいはちょっとテレビを見たりはできる。しかし，何かもっと大切なことがあるに違いない。

⑯ メグミ：それは私の意見でもあるのよ，ヒロシ。

⑰ ユカリ：(3)<u>ありがとう，みなさん。</u>私たちはいろいろな意見を持っているのね。何かもっと大切なこと，何か私たちがみんな同意（「同意」と「賛成」はほぼ同じ意味）できることを考えましょう。

⑱ ユカリは彼らに2，3分，考える時間を与える。

⑲ ユカリ：さて，いいですか。(4)<u>誰か？</u>（意見がありますか，と聞いている。）

⑳ ケン：毎週日曜日のためのプランを作ることが大切だと，僕は思います。プランなしの週末では何にもならないでしょう。（doesn't mean anything は「何をも意味しない」が直訳だが，結局は「何にもならない」というニュアンス）

㉑ ユカリ：ありがとう，ケン。プランを立てて週末を有意義にするというのね。（直訳：プランでもっ

て週末を有用にすること。全体で1つの動名詞句であって，文の形になっていないことに注意)それがケンの意見なのですね。
㉒ケン：そうです。そのとおりです。
㉓メグミ：(5)私もあなたに賛成だわ。ケン。
㉔ヒロシ：うん。僕は今までに，週末のプランなんて立てたことがないよ。たぶんこれから始めることになるね。
㉕ユカリ：いいわ。近い将来に土曜がもっとたくさん休みになるらしいの。(直訳：我々は近い将来，もっとたくさんの自由な土曜日を持つと私は聞いている。)つまり，自由時間がもっとできるというわけよ。(That means「それは〜を意味する」とは「つまり」と意訳できる。)自分たちのプランを立てて，自由時間をもっとうまく (better) 使いましょう。ありがとう，みなさん。では今日の討論会は，これまでということにしましょう。(直訳：それが今日の我々の討論会のためのすべてです。)

〔解　説〕
問1　「今度はあなたの番よ」と言っているわけだが，もちろん発言する番だということ。
問2　⑦では and we are tired の前には，We study too much every day があるから，勉強で疲れているという意味。
問3　Thank you for……．という時は「〜のことでありがとう」という意味。ヒロシ，メグミ，ケンの発言に対してありがとうと言っているのだから，「意見を言ってくださってありがとう」となるものを選ぶ。
問4　⑱でしばらく考える時間を与えた後「誰か？」と言ったのだから，「誰か発言してくださる方はいませんか」と聞いているのである。なお，問題文の It's time. Is there anyone は「時間です。誰か……してくださる方はいませんか」ということ。
問5　⑳を見れば，ケンが「プランを立てて週末を有意義なものにする」という意見を持っていることをユカリが確認し，㉒でケンが，そのとおりだと言っている。それに対してメグミが「私も賛成です」と言ったのである。
問6　⑴「休息が大切だと言った生徒」⑦でそのことが言われている。
　　　⑵「週末を他の人々のために使うべきだと言った生徒」⑨にその意見がある。
問7　ア．「ユカリはグループに英語で話を始めるように頼んだ。」②に出てくる。
　　　イ．「ユカリはグループに自由時間をうまく使うように頼んだ。」㉕でそう言っている。
　　　ウ．「ユカリはグループに，何かもっと大切なことを考えるように頼んだ。」⑰である。
　　　エ．「ユカリはグループに，ヒロシの意見に関する自分たちの考えを告げるように頼んだ。」⑧で，ヒロシの考えをどう思うか，と聞いている。

〔解　答〕
問1　ウ　　問2　エ　　問3　ウ　　問4　イ　　問5　plan
問6　⑴　ア　　⑵　エ
問7　ア→エ→ウ→イ

22 ───── 滋賀県

全訳

　ケント氏は米国からやって来た。たかしの父親と一緒に働くことになっている。(will を「～することになっている」と訳すこともできます。) 彼はたかしの家に，2日間招待されている。(受身の文) ケント氏とたかしが居間で話をしている。

① たかし：ケントさん。あと30分 (half an hour は「半時間＝30分」，in は時間を表しているときは「(30分)で」「(30分)して」の意味) で，夕食の用意ができます。夕食前に風呂に入りますか。(take a bath「入浴する」)

② ケント氏：うん。ありがとう。でも，たかし，私をピーターと呼んでいいよ。(can だから直訳は「呼ぶことができる」だが，意訳してよい。)

③ たかし：あなたをファーストネーム (姓でない名の方) で呼ぶのは簡単なことではありません。⑴<u>あなたの方が，僕よりずっと年上なのですから。</u>(much older となるが，比較級の前の much は「ずっと」「はるかに」の意味)

④ ケント氏：かまわないよ。(遠慮しないでピーターと呼んでもＯＫだよ，の意味) 私は君をたかしと呼ぶから，私をピーターと呼んでください。

⑤ たかし：ええ。そうしてみますよ。ケントさん。

⑥ ケント氏：ほら，またケントさんと呼んだ。ところで，風呂はどこですか。

⑦ たかし：連れて行ってあげましょうか。(Shall I……?「～してあげましょうか」)

⑧ ケント氏：⑵<u>いや，その必要はないよ。</u>(don't have to「～しなくてもよい・～する必要はない」。ここでは「私を風呂場まで連れて行ってくれる必要はない，と言っている。上のたけしの言葉が to の後に省略されているが，「私を連れて行く必要はない」と変えなければならない。) 風呂 (it) の使い方を教えてくれる必要もないよ。(文末の either は，否定文で使われて「～もまた」。肯定の場合の too のようなもの) 本で習ったよ。

⑨ たかし：わかりました。このホール (広い廊下) を真っ直ぐに突き当たり (end「端」は結局は「突き当たり」ということ) まで行って，左に曲がれば見つかりますよ。(直訳：そして左に曲がりなさい。そうすれば (命令文の後の and は「そうすれば」) あなたはそれ (風呂) を見つける。)

⑩ ケント氏：わかった。じゃあ，また後で。(直訳：後であなたに会いましょう。)

　(ちょっとして)

⑪ ケント氏：すみません。たかし。誰かが風呂を使っているよ。

⑫ たかし：⑶<u>そんなことはないでしょう。</u>((エ)を使うと，「私は知らなかった」だから，誰かが使っていることを認めることになる。実際には誰も使っていないのだから，(イ)の「私はそうは思わない」を選ぶ。) 母と父は台所で料理をしています。妹は2人の手伝いをしています。誰も他には家にいません。(else はnothing, somebody, anyone などの後ろからついて，other, another の意味になる。)

⑬ ケント氏：でもドアが開いていないよ。

⑭ たかし：それが何かいけないのですか。(直訳：何が悪いのですか。)

⑮ ケント氏：ああ，わかった。私は日本にいるんだ。事情 (things) が違うんだ。私の国では，部屋を使っていない時には，ふつうはドアを開けておくのです。

⑯ たかし：ほんとう？　⑷<u>それは知りませんでした。</u>(上でケント氏の言ったアメリカの習慣を，知らなかったと言っている。) 僕はもっと他の国々のことを学ぶべきですね。

⑰ ケント氏：いや，⑸<u>私がそうすべきだ。</u>(自分の方が日本に来ているのだから，日本のことをもっと学ぶべきだ，ということ。) 私は日本の生活について，多くのこと (a lot は knew の目的語になっ

ているから代名詞であり「たくさんのこと」という意味）を知っていると思っていた。しかし，実際にはあんまり知らなかったのだ。（didn't の後ろに，know a lot が省略されている。）いま私は一日中学んでいる。（日本にいてこのように，たかしなどから教わっているから，ということ。every minutes は「毎分毎分」だから「一日中」と意訳してみた。）私はとてもわくわくしている。（日本らしい面白い事件が起こって勉強になるし，面白いからわくわくしているのである。）次に何が起こるのだろうか。

⑱たかし：夕食に遅れますよ。
⑲ケント氏：うわッ，大変だ。風呂に入るのを忘れていたよ。（forget to「～し忘れる」）たかし。
⑳たかし：そうですよ。（you did はyou forgot to take a bath. の意味）ピーター。
㉑ケント氏：ああ，たかし。(6)ピーターと呼んでくれてありがとう。（Thank you for……「……のことでありがとう」。上でたかしが「ピーター」と呼んだから，それに応じたもの）もう友達だよね。（ファーストネームで呼び合えるようになったからもう友達だ，と言っている。最後の aren't we ? は，付加疑問で「そうじゃありませんか」と念を押している。）

〔解　説〕

1. You are older than I. の older の前に much を入れて「あなたの方が僕よりずっと年上だ」とする。全訳下線部(1)の後の括弧内の解説を参照。
2. 全訳下線部(2)の後の括弧内の解説を参照。
3. 全訳下線部(3)の後の括弧内の解説を参照。
4. 全訳下線部(4)の後の括弧内の解説を参照。アメリカでは部屋を使っていない時にはドアを開けておくという習慣がある，とケント氏から教えられたたかしが「それは知らなかった」と言っている。
5. 意味の上から相手に一番伝えたい部分を強く発音する。ここでは「君でなく私がそうすべきだ」と言っているのだから，「私」の部分である。
6. 全訳下線部(6)の後の括弧内の解説を参照。
7. 設問7の全訳を示す。空所に入れる語句を補い，下線を施しておく。
　　ケント氏は日本に仕事に来ている。たかしの家族は彼を家に招待した。ケント氏が浴室に行ったとき，ドアがA閉まっていた。彼は誰かが浴室（it）を使っていると考えた。しかし，実際には，浴室にはB誰もいなかった。
　　ケント氏とたかしはC違った生活様式（way of living）があるのだということを知った。（found）彼らは他の国々の文化についてもっと学ぼうとD決心した。（decide to「～しようと決心する」）
　　彼らは楽しく話しあい，友達になった。

〔解　答〕

1. you are much older than I
2. No, you don't have to (take) (me) (there).
3. イ
4. アメリカには，誰も部屋を使っていないときにはドアを開けておく習慣があるということ。
5. ア
6. ウ
7. A　エ　　B　イ　　C　キ　　D　カ

23 ──── 山形県

全訳
(第1段落)
　息子と私は夏休みの間に娘を訪問することに決めた。娘はアメリカの大学で音楽を勉強していた。我々が外国を訪問するのはこれが初めてだった。(直訳：それは我々の最初の外国訪問だった。)

(第2段落)
　アメリカへ行く飛行機の中で，息子は気分が悪くなった。(get sick「気分が悪くなる」) 飛行機が到着し，空港ビルから出るとすでに暗くなっていた。雨も降っていた。タクシーを探すと，通りの向こうに見つかった。(one は「a＋名詞」の置き換えになり，ここでは a taxi の意味) 我々は雨の中を走り，車の所まで行った。しかし，運転手はドアを開けてくれなかった。外国ではふつうはドアが自動的には開かないことを思い出した。それで (So)，私はドアを開け，運転手に言った。「ガーデン・シティまで行ってください。」

(第3段落)
　しかし，①彼は何も言わずに我々の方を見ただけだった。(just は only の意味)「アメリカのタクシー運転手は親切じゃないのね。」と私は考えた。雨が激しく降り始めていた。そこで (so)，私はまた運転手 (him) に言った。「ガーデン・シティまで行きたいんです。聞こえませんか。」「向こうで (over there) バスに乗りなさい。」と男はやっと (at last) 言った。A 私は怒って 言った。(乗車拒否をされたと思って腹を立てたのである。)「子供が気分が悪いんです。それに大きな荷物があるんですよ。」しかし，彼は何も言わなかった。我々は待つことができなかった。それで，バッグを持って車に乗り込んだ。すると (Then)，車は動き始めた。

(第4段落)
　「どこから来たんだね。」(次の文の We're from Japan. はふつうは「日本出身だ」という意味になり，この Where are you from？ も「どこの出身ですか」が直訳だが，ここではそれではおかしいので「どこから来たんだね」と訳してみた。) と男は聞いた。
　「日本からです。」と私は答えた。
　「②アメリカにはどのくらい滞在するつもりかね。(次の田中さんの答が「2週間のつもりよ」なのだから，何か期間を聞かれたことは明らか。さらに stay と in America から考えて言いたいことがわかる。「どのくらいの間」と期間を聞くときは How long……？ を使う)
　「2週間のつもりよ。」
　「坊や。年はいくつかね。」
　「13」と息子は言った。彼は少し気分がよくなっていた。

(第5段落)
　男は車の中で我々にいくつかの質問をした。「ヘンな人」と私は思った。
　到着する直前に (just before は「～のすぐ前に」)，彼は別の質問をした。
　「日本でも病気のときにはよく警察の車を使うのかね。」

(第6段落)
　③私は自分の耳が信じられなかった。しかし，息子は大喜びで言った。「やった。(Great) 警察の車に乗るのは初めてだ。」「早くよくなって，アメリカを楽しんでほしいね。」と男は言った。④私は自分が間違っていたことを悟ったが，その時は何も言えなかった。
　到着したとき，私は彼に言った。「申し訳ありません。それにほんとにありがとうございます。決してあなたのことは忘れませんよ。」

〔解　説〕
1. (1)～(3)の全訳を示そう。
   (1) 田中さんの娘はアメリカで何をしていたのですか。(第1段落の2番目の文を参照)
   (2) 飛行機の中で誰が気分が悪くなったのですか。(第2段落の最初の文を参照)
   (3) 飛行機が空港に着いたとき，天気はどうでしたか。(第2段落の2番目の文を参照)
2. ア～オの全訳を示そう。
   ア．田中さんは息子と一緒に，娘に会うためにアメリカへ行った。(第1段落の記述に一致する。)
   イ．男は田中さんと息子のためにドアを開けてくれた。(第2段落の中程から後に，男がドアを開けてくれなかったので，田中さんがむりやり開けたことが出てくる。したがって，本文の内容に一致しない。)
   ウ．田中さんと息子は，空港発ガーデン・シティ行きのバスに乗った。(第3段落の中程で，男はバスに乗るようにと言ったが，田中さんは無理矢理ドアを開けて男の車に乗り込んだ。したがって，本文の内容に一致しない。)
   エ．男は車を運転し始める前は，何も質問しなかった。(第3段落から第4段落にかけて，男は車を動かしてから初めて，質問をしたことが記述されている。したがって，本文の内容に一致する。)
   オ．田中さんの息子は，アメリカのタクシーに乗って喜んだ。(第5段落以下で，実はその車は警察の車であったのであり，息子は警察の車に乗れたことを喜んだのである。したがって，本文の内容に一致しない。)
3. ア～エの全訳を示そう。
   ア．私はタクシー運転手だ。だから，彼らに親切にしなければならない。(第5段落以下で，実はタクシーではなく，警察の車だということがわかったのだから，題意に合っていない。)
   イ．このバスはガーデン・シティ行きではない。彼らはタクシーに乗るべきだ。(男は警察の車に乗っているのであり，バスではないのだから，題意に合っていない。)
   ウ．何だって？　この車でガーデン・シティへ行きたいだって？(警察の車でガーデン・シティまで行けと言われて驚いているのだから，題意に合っている。)
   エ．彼らは私に日本語を話したいのだろうか。どうしたらいいのだろう。(文全体から判断して，田中さんは英語で話しているようであり，日本語を話したいなどということは全くない。題意に合っていない。)
4. 全訳下線部Aの後の括弧内の解説を参照。
5. 全訳下線部②の後の括弧内の解説を参照。
6. その直前で男が，実はこの車が警察の車であることをほのめかす発言をしたので，やっとタクシーでないことに気づいたのである。
7. 設問の文を全訳し，空所に当たる部分に下線を施しておく。
   車の男が私たちにいくつかの質問をした時，私は彼がⅠ奇妙なタクシー運転手だと思った。(第5段落で He is strange. と田中さんは思っている。そして，この時点ではまだ，男をタクシー運転手だと思っていたのである。) しかし，私は間違っていた。今では彼がⅡ親切な警官だということがわかった。(最後には警官だとわかったことは第5段落以下で明らかである。)
8. これは難問だが，電車の中で老人に席を譲ったとか，歩いていて気持ちが悪くなった時に，通行人に親切にされた，などの話を考えるとよいだろう。

〔解　答〕
1. (1) She was studying music (at a college).
   (2) Ms. Tanaka's son did.

(3) It was raining.
2. ア，エ
3. ウ
4. イ
5. How long are you going to stay
6. 自分が乗った車がタクシーではなく，警察の車だったということ。
7. Ⅰ－イ　　Ⅱ－オ
8. (第1例) The other day I saw an old man in the train on my way back from school. He looked tired but couldn't take the seat. I stood up and said to him, "Please take this seat."
　　(先日，学校からの帰りの電車の中で私は一人の老人を見た。彼は疲れ切っているようだったが，席が見つからなかった。私は立ち上がり，彼に言った。「どうぞ，この席に座ってください。」)
(第2例) Last Sunday, when I was walking near my house, I suddenly got sick and couldn't walk any longer. A stranger stopped and asked me what happened. He kindly took me to a police box. (この前の日曜日，家の近くを歩いていると，私は突然気分が悪くなって歩けなくなった。見知らぬ人が立ち止まって，どうしたのかと聞いた。彼は親切に私を交番へ連れて行ってくれた。)

24 —— 愛媛県

全訳

(第1段落)
　(A)太郎は400年以上の歴史を持つ村の踊りを習っている。(現在完了だから「習ってきた」が直訳になるが，結局は「習っている」のだからそう訳してよい。「400年以上の歴史を持つ」ということは，「400歳以上だ」ということになる。I am fifteen years old. の形は人間でない物にも使うことができる。This castle is six hundred years old. 「このお城ができてから600年だ」) この踊りは，米の豊かな収穫 (harvest) を願う村人たちによって始められた。彼らはまた，幸せな毎日を送ることができるようにと願った。太郎の村の人々は，そのとき(B)以来，(現在完了の文で「～以来」というときはsince を使う。) この踊りを守ってきた。この踊りは毎年5月に催される。

(第2段落)
　村の老人たちの中には，この踊りを若者たちに伝えようとしている人もいる。(hand A down to B 「AをBに伝える」) 太郎など若者たちは週に1回神社へ行って，村の老人たちからこの踊り (the dance は「この (村の) 踊り」) の踊り方を習う。この踊りは，村の人々のすばらしい文化である。(直訳：村の人々にとって文化の素晴らしい一部である)。彼らにとってはこの踊りを習って，それを (it は the dance) 子供たちに伝えることが重要なのである。

(第3段落)
　神社では，(C)老人たちが太郎などの若者たちに，この踊りの踊り方を教えてくれる。(teach が第4文型を取っており，Taro and other young people が間接目的語，how to do the dance が直接目的語) 老人たちは厳しい。(厳しく教える，ということ。) 若者たちがこの踊りを習うのは難しい。非常に熱心に練習しなければ，この踊りをすることはできない。しかし (However)，練習が終わると，(直訳：「それを練習した後で」) (D)老人たちはとても親切になって，若者たちに村のことを話してくれる。太郎は以前は村のことをあまり知らなかった。(直訳：村についてたくさんのことを知らなかった。)

very, much, many などは，否定文では「あまり~ない」の意味になる。)太郎は老人たちから，村の歴史と文化についてたくさんのこと（a lot は learn の目的語になっているから代名詞「たくさんのこと」）を学んだ。(E)老人たちの一人が，かつて太郎に言った。「私はこの踊りを教え，君のような若者と話をするのが楽しい。私は年取ったが，(F)ふたたび若い気持ちになる。(若者と話していると若い気持ちに戻れる，ということ）この踊りは村の宝物。(G)この踊り (it) を君たちの子供たちに伝えてもらいたい。」(I want you to do「私はあなたに~してもらいたい」）太郎は村の老人たちから多くのことを習うのは，面白いと思っている。

(第4段落)

　毎年，多くの人々がこの踊りを見るために村へやって来る。そして，踊り (it) に感動する。(「~驚く」が be surprised at となるように，「~に感動する」は be moved by となる。move だけでは「感動させる」）この踊りを見ていると，村の古い時代がしのばれるのだ。(直訳：「この踊り (it) は彼らを村の古い時代へと運び戻す」）太郎は自分の村に誇りを感じている。(be proud of は「~を誇りにする」だが，ここではその be の代わりに，feel が入れ代わった第2文型）

〔解　説〕

1.　全訳下線部(B)の後の解説を参照。
2.　(1) イ．「踊りを習う人々はとても親切だ」「教えてくれる人々」のことを言いたいのだからおかしい。　ウ．「老人たちは間違っている」　エ．「踊りを習う人たちは間違っている」
　　(2) ア．「私はあなたに若く感じてもらいたい」　イ．「私はあなたに村へ来てもらいたい」　ウ．「私はあなたに，私に踊りを教えてもらいたい」　エ．「私はあなたに，あなたの子供たちにそれを伝えてもらいたい」(hand it down は第2段落に解説がある。)
3.　全訳下線部(C)の後の解説を参照。
4.　(E)の人物とは，全訳下線部(F)(G)のあたり，「私はこの踊りを教え，……子供たちに伝えてもらいたい」のセリフを言っている老人のこと。
　　ア～エの全訳を示す。
　　ア．彼は，太郎と太郎のような若者たちから，村についてたくさんのことを習っているから。(教えるのが老人で，習うのが若者だから，本文の内容に矛盾する。)
　　イ．彼は若者たちから村の踊りを習い，彼らと話をしているから。(アと同じ理由で不適切)
　　ウ．村の踊りを若者たちに教え，彼らと話をしているから。(これが，I enjoy this dance……の部分の内容に一致する。)
　　エ．彼は他の村の（from は出身・所属を表しており，「から」と訳す必要はない）若者たちに村の踊りを教えているから。(全編を通じて，踊りを教わる太郎たちは，村の住民であるような描写がなされているから，本文の内容に矛盾している。)
5.　全訳下線部(A)の後の解説を参照。
6.　下線部(A)の直後の have a rich harvest of rice と have happy days に注目する。
7.　設問部分の全訳を示す。
　　(1) 老人たちが村の踊りを教えるとき，彼らが厳しいのは，……だからである。
　　　ア．若者たちに，神社について知ってもらいたいからである。
　　　イ．若者たちに，自分たちと話をしてもらいたいからである。
　　　ウ．若者たちに，400年以上の歴史を持つ神社を守ってもらいたいからである。(下線部(A)を見ると，400年以上の歴史を持つのは神社ではなく，踊りである。)
　　　エ．若者たちに，村の宝である踊りを習ってもらいたいからである。(全訳下線部(G)の直前で老人が言っていることに一致する。)

(2) 太郎が村の歴史と文化についてたくさんのことを知っているのは，……だからである。
　ア．老人たちが，踊りを練習したあと，彼にたくさんのことを教えたからである。(全訳下線部(D)と(E)の間にそのような記述がある。)
　イ．老人たちが，彼に熱心に踊りを練習するようにと言ったからである。(練習したからたくさんのことを知るようになったのではない。)
　ウ．村の人々が，週に1回村の神社を訪問するからである。(週に1回神社を訪問して踊りを練習するのは太郎たちである。)
　エ．村の人々は，毎年踊りを見るために他の村へ行く。(最後の段落には，他の村の人々が訪れてくる，と書いてあり，村の人々が他の村へ行くという記述はどこにもない。)
(3) 村の踊りを見る多くの人々は感動し，……
　ア．村の神社に誇りを感じる。(最終段落の最後に，「太郎は村に誇りを感じる」とあるが，「村の人々が神社に誇りを感じる」という記述はどこにもない。)
　イ．村の古い時代について考える。(最終段落の It で始まる文「この踊りを見ていると，……」に一致する。)
　ウ．村の宝物を自分の子供たちに持って帰る。(そのような記述はどこにもない。)
　エ．400年以上昔に始まったこの踊りを習いたいと思う。(多くの人たちが習いたがっている，という記述はどこにもない。)

〔解　答〕
1．イ
2．(1)　ア　　(2)　エ
3．イ→ア→エ→ウ（The old men teach Taro and other young people how to do the dance.）
4．ウ
5．old
6．米が豊作であるようにという願い。毎日が幸せであるようにという願い。(「米の豊作・毎日の幸せ」と簡単に書いてもかまわない。)
7．(1)　エ　　(2)　ア　　(3)　イ

25 ——— 奈良県

全訳

①黒沢明は偉大な映画監督として，世界に知られている。②彼は1936年に映画の仕事を始めた。③彼は26歳だった。④黒沢と谷口千吉は親友だった。⑤彼らは二人とも，将来は映画監督になりたいと思っていた。⑥黒沢は偉大な監督だった山本嘉次郎から，映画の作り方を習った。⑦山本はよく言っていた。「映画を作るときには，シナリオが非常に大事だ。⑧監督になりたければ，シナリオの書き方を練習しろ」。

⑨1938年のある日，黒沢は(1)小さな部屋に住んでいた谷口を訪問した。黒沢は何も携えて行かなかった。⑩彼は「今夜ここに泊まっていいか。」と言った。⑪(2)「いいよ。」と谷口は言った。⑫黒沢はこのようにして谷口と一緒に暮らし始めた。

⑬谷口はふだん(3)早く床についた。そして，黒沢は夜遅くまでシナリオを書いていた。⑭黒沢は貧乏で新しい紙を買うことができなかった。⑮彼は使用済みの紙の裏に書いた。⑯谷口はよく，「明かりを

消してくれ。」と言った。⑰「いいよ。」と黒沢は言った。⑱彼は畳の上にろうそくを置き，ろうそくのまわりに２，３冊の本を立てて(4)部屋を暗くした。⑲谷口は，黒沢はいつか（someday は some day と書くことが多いが，「（未来の）いつか」という意味）よい監督になるだろうと考えた。

⑳1942年に，黒沢は最初の映画「姿三四郎」を作るようにと依頼された。㉑それは柔道を練習する男の物語だった。㉒黒沢は何日もかけてシナリオを書き，それを山本嘉次郎の所へ持って行った。㉓その日，山本は夜遅く帰宅したが，それを読み始めた。㉔ときどき，彼は同じ部分を何度も何度も読んだ。㉕黒沢は彼の近くに座っていた。㉖黒沢は，山本が翌日早く起きなければならないことを知っていた。㉗部屋は非常に(5)静かだった。㉘山本はシナリオを読み終えると，彼（黒沢）にほほえみかけた。黒沢はとても嬉しかった。

㉙黒沢はこの映画を作っていたときに，(6)山本のシナリオに関する言葉を本当に理解した。㉚この映画は翌年公開され，非常に人気を博した。（直訳：人々に見せられ，非常に歓迎された。）㉛1951年に，「羅生門」という映画が彼を世界的に有名にした。㉜この映画は，（the film だが「この映画」と訳すのがよい。）京都と奈良の春日奥山で作られた。㉝この映画を理解するのは難しかったが，外国で大きな賞を取った最初の日本映画になった。㉞彼は一生で30本の映画を作った。㉟その中には日本でも外国でもよく知られているものが多い。㊱彼の映画から多くのことを学んだ外国の監督も多い。

〔解　説〕

(1) やさしい単語ばかりである。このくらいはおぼえておこう。early はここでは副詞として使われているから，「早い」でなく「早く」と訳すこと。
(2) 直前の「今夜ここに泊まってもいいかい。」を受けてＯＫと言ったのである。
(3) 括弧の部分を（　　）にしたまま訳してみる。
　(a) 1938年のある日，黒沢は彼の（　　）谷口を訪問し，彼と一緒に暮らし始めた。
　(b) 「羅生門」を理解するのは（　　）ではなかった。しかし，それは外国で大きな賞を受けた。
　(c) 黒沢の映画は世界中で有名である。そして，多くの偉大な外国の監督たちが彼から非常に多くのことを（　　）。
　(a)には「友達」，(b)には「簡単」（㉝の difficult の反対語），(c)には「学ぶ」が入る。(c)は文全体は現在だが，括弧内に入れる learn は現在でも過去でもよいだろう。
(4) 谷口から「明かりを消してくれ」と言われたからであるが，どうして谷口がそう言ったのかを考えてみよ。
(5) ア 「山本が黒沢に『姿三四郎』を作れと言ったのは，黒沢が柔道を練習していたからである。」
　　㉑では姿三四郎が柔道を練習したと言っているのであり，黒沢のことではない。
　イ 「『姿三四郎』は黒沢の最初の映画であり，彼はシナリオを書くために何日も働いた。」⑬と㉒に内容が一致している。
　ウ 「山本は『姿三四郎』のシナリオを読み終わり，黒沢に別のシナリオを書くようにと言った。」
　　㉘で山本は「姿三四郎」のシナリオが気に入ったことがわかるから，本文の内容に矛盾する。
(6) ア 「黒沢は後に大きな賞を受けることになる『羅生門』を作るために京都と奈良にやって来た。」
　　㉜を読むと，「羅生門」は京都と奈良で作られた，とあるから本文の内容に一致する。
　イ 「『羅生門』が黒沢を有名にしたとき，彼は50歳を過ぎていた。」②③を見ると，黒沢は1936年に26歳だったのだから，1910年生まれである。㉛では彼が「羅生門」で有名になったのは1951年のこと，とあるから，40歳を過ぎたばかりの時のことだった。
　ウ 「黒沢が世界的に有名になったのは，外国でたくさんの映画を作ったからである。」全文，とくに㉙以下を見れば，どこにも彼が外国で映画を作ったとは書かれていない。
(7) ⑦⑧にその内容が書かれている。

〔解　答〕
(1)　(1) 小さな（小さい）　　(3) 早く　　(5) 静かな
(2)　その夜，黒沢を自分の部屋に泊めてやること。
(3)　(a) friend　　(b) easy　　(c) learned(learn)
(4)　谷口の睡眠の邪魔にならないようにするため。
(5)　イ
(6)　ア
(7)　映画を作るときにシナリオ（台本）が重要だから，映画監督になりたければシナリオ（台本）を書く練習をすべきだということ。

26 ── 兵庫県

全訳

（第1段落）
　テッドはおとなしい少年だった。(quiet は「静かな」だがこのくらい意訳してよい。) 彼はスポーツはあまり得意でなく，親しい (good) 友達もいなかった。彼は，自分には短所 (bad points) がたくさんあるということは知っていたが，自分の長所 (good points) については何も気づいていなかった。

（第2段落）
　ある日，先生が1人の少年を連れて教室に入ってきた。彼女（女の先生である）は彼をクラスに紹介した。「彼の名前はジムです。あなたたちの新しい友達になります。」「みんなに会えて嬉しいです。僕はジムです。どうか，友達になってください。」と少年は言った。先生は言った。「テッド。ジムはあなたの隣に座ることになります。本（教科書）を見せてあげてください。」テッドは何も言わずにうなずいた。午前の授業が終わった後で，ジムは言った。「ランチを僕といっしょに食べないかい？」テッドはまたうなずいた。

（第3段落）
　その日から，テッドとジムは，いっしょに生活し始めた。ジムはとても活発な少年だった。彼はいつも，手伝ってもらわずに（直訳：助けなしに）物事をした。テッドはジムのようになりたいと思ったが，できないということはわかっていた。ジムはいつもテッドといっしょにいて，いつもほほえみを浮かべてテッドを見ていた。ある日，ジムはテッドに言った。「僕には君の長所がわかっているよ。君は他人にとても優しいんだ。」(so は very に近い意味になる。) テッドは何も言わずに聞いたが，自分の内部に何か暖かいものを感じた。彼はただ，「ジム。ありがとう。」と答えた。

（第4段落）
　そのときから，テッドは変わり始めた。彼も人から手伝ってもらわずに物事をしようとし始めた。ジムはテッドが変わりつつあるのに気づいた。彼らは親友になった。いっしょに勉強しているとき，ジムが言った。「テッド。僕はまた行かなきゃならないんだ。」「また行ってしまうって？　どういう意味なの？」「父が別の町に行かなきゃならないんだ。それで，家族も父といっしょに行かないとならないんだ。」（引越しをして，転校しなければならない，という意味）テッドはとても悲しかったが，前とは違う少年になっていたので，泣きはしなかった。

（第5段落）
　今ではテッドは40歳になっている。彼は教師だ。彼は生徒たちや，他の先生たちから愛されている。彼は自分の仕事が好きだ。彼はよく (often) 生徒たちに言う。「誰でもみんな，長所を持っている。自

分でそれを見つけたら，人生を変えることができる。」ジムは今ではテッドから遠く離れて暮らしている。しかし，ジムはいつもテッドの心の中にいる。

〔解　説〕

1. (1)　「先生はテッドに何をしてくれと言ったのですか。」ask＜人＞to do で「～に～してくれと頼む」。cf. My mother asked me to go shopping.（母は私に買い物に行ってくれと頼んだ。）第2段落で，先生はテッドに「彼に本を見せてあげてください。」と言っている。答え方としては，「彼女はテッドにジムに本を見せてあげるようにと頼んだ。」と書くのがよい。

   (2)　「テッドは今何をしていますか。」人間に関して「彼は何ですか」というときは，職業を聞いているのがふつうである。第5段落に，「彼は教師だ」とある。本文のままに答えればよいが，最後に now をつけてもよい。

2.　第3段落でジムが「僕には君の長所がわかっているよ。君は他人にとても優しいんだ。」と言っている。「他人に優しい」ということを言えばよい。

3.　選択肢の全訳を示す。

   ア「テッドは友達と話をするのがとても好きだった。」（第1段落の内容に矛盾する。）

   イ「ジムは，テッドが他人と同じくらい親切だと考えた。」（本文にはそのような指摘はない。非常に親切だったのは確かだが，内容からは，むしろ，他の誰よりも親切だった，という印象が得られるから「他人と同じくらい親切」というのは不適切。本文の内容に矛盾する。）

   ウ「ジムがテッドに『行かなければならない』と言ったとき，テッドは幸せでなかった。」（第4段落最後に「テッドはとても悲しかったが……」とある。本文の内容に一致する。）

   エ「ジムはおとなしい少年だったが，とても変わった。」（文全体から，ジムではなく，テッドのことだとわかる。本文の内容に矛盾する。）

   オ「テッドは今，自分の仕事を楽しんでいる。」（第5段落に「彼は自分の仕事が好きだ」とある。本文の内容に一致する。）

4.　選択肢の全訳を示す。

   ア「テッドといっしょに働いている友達」

   イ「テッドの家の近くに住んでいる友達」

   ウ「テッドとよく話をする友達」

   エ「いつもテッドが思い出す友達」（受身なので，直訳は「いつもテッドに思い出される友達」）（「現在のテッド」に関して聞いていることに注意。最終段落最後の文に「ジムはいつもテッドの心の中にいる」とあるから，「いつもテッドが思い出す友達」が適切。

〔解　答〕

1. (1)　She asked him (Ted) to show his books to Jim.
   (2)　He is a teacher (now).
2.　他人に対してとても優しい人物
3.　ウ，オ
4.　エ

27 ——— 千葉県

[全訳]
（第1段落）
　ここ日本（here と in Japan は「同格」で，「ここ，つまり日本」）は人口が多く，毎日の生活で，たくさんの木が使われる。たとえば（for example），家を建てたり，家具を作るために木が必要だ。本や漫画や新聞のための紙を作るのにも木が必要だ。

（第2段落）
　生活で使われる木を我々はどこから手に入れているのだろうか。日本産の木もあれば，外国産の木もある。1999年を見てみると，日本で手に入った木の比率（percentage）は，約19パーセントだった。さらに，約19パーセントの木はアメリカから，約15パーセントはカナダから，約8パーセントはオーストラリアから，そして約39パーセントは他の国々から輸入している（手に入れた）。こういう国々では，木を切り倒して，日本に売っているのである。（原文は受身ですが，日本語は必ずしも受身に訳す必要はありません。）たくさんの場所で，たくさんの木が切り倒されている。しかし，木を育てるということは長い時間がかかるので，簡単なことではない。

（第3段落）
　木を伐採しすぎると，問題が生じてくる。（直訳：あまりにも多くの木を切り倒すことはいくつか問題を引き起こす。）過剰伐採の結果（直訳：あまりにも多くの木を切り倒すことによって），地球上にどんな問題が生じているのだろうか。あなたは何か思いつきますか。木を切り倒すことによって，我々は動物の住処(すみか)を奪っているのである。動物の中には住処がなくなると死ぬものもいる。また，伐採のしすぎによって，地球の温暖化も進んでいる。さらに他の問題もある。地球上で何が起こっているか，我々は知るべきである。

（第4段落）
　地球は我々の家のようなものだ。我々は地球が助けを必要としていることを理解しなければならない。地球のために何ができるだろうか。紙をリサイクル（再利用）することができる。木を育てることもできる。我々はみんな地球の上に住んでいるのだ。地球のために何かよいことをしなければならない。

〔解　説〕
(1)　①選択肢の熟語は，at last「ついに」，each other「おたがい（に）」，more than「～以上」，for example「たとえば」。当該箇所の上の部分で，「木をたくさん使う」と言っており，その後で，「家を建てたり，家具を作るために必要」と例を挙げているのだから，「たとえば」が適切。
　　②「我々が木を育てるのには長い時間がかかるから，木を育てることは（　　）ではない」という文脈なので，「簡単ではない」が適切。
　　③ think of「～のことを考える・～を思い出す・～を思いつく」は重要な熟語。
(2)　第4段落で，紙の再利用の話の後に，「木を育てることもできる」とある。
(3)　Aは「1999年に，カナダとオーストラリアとでは，どちらの方がたくさんの木を日本に売りましたか」と聞いている。第2段落を見ると，カナダは約15パーセント，オーストラリアは約8パーセントである。
(4)　設問の英文の全訳を示す。
　　日本にはたくさんの人が住んでいる。我々は，家や家具や紙を作るために，たくさんの木を必要とする。我々は外国から木を買って（buy）いる。
　　あまりにも多くの木を切り倒すことから，問題（problems）が生じている。我々は動物の住処(すみか)を

奪っている。動物の中には，もし (if) 住処がなくなると死んでしまうものもいる。我々は地球を温暖化している。(make the earth warmer「地球をより暖かくする」。ここではそれが現在進行形になっている。)

地球は助けを必要としている。地球のために何かよいこと (something good) をしようではないか。

〔解　答〕
(1)　①　エ　　②　ア　　③　ウ
(2)　木を育てること
(3)　Canada
(4)　①　オ　　②　イ　　③　ケ　　④　サ　　⑤　カ

28 ──── 福岡県

全訳

（第1段落）
　私は康子です。15歳です。去年，私は病気になり，(become は be 動詞の代わりに入れ替わって第2文型を作っていることに注意) 2か月入院しなければなりませんでした。家族や友人たちが見舞いに来てくれたときは嬉しく感じました (feel も become と同じように第2文型を作っている。) が，みんなが部屋を出てしまうと，またとても寂しくなりました。学校や友達のことを考えるともっと寂しくなりました。私は学校に戻りたいと思いましたが，かなわぬことでした。

（第2段落）
　ある日，私は，ベッドに座って，窓の外を見ていました。「ねえ。康子。今日 (の午後) はどんな具合ですか。何を考えているの。」と田中さんが聞きました。彼女はこの (the) 病院で私の担当をしている (take care of me「～の世話をする」) 看護師でした。彼女は私にほほえみかけました。私は言いました。「友達は今，学校で楽しく過ごしている (have a good time「楽しい時を過ごす」) のに，私はこの病院で寂しくしているの。いつ学校へ戻れるのかわからないわ。」彼女は言いました。「あなたがとても悲しくて寂しいのはわかるわ。ねえ，康子。希望を失わなかったら，楽しい時がまたやってくるの。私は悲しいときにはいつも，そういうふうに考えることにしているの。」

（第3段落）
　何日かして，私は彼女と話をしました。「あなたのお仕事は簡単ではないと思う。あなたはいつも一生懸命働いているし，難しいこともしなければならないのよね。(直訳：するべき難しいことを持っている。) 仕事を変わろうと思ったことはないの？」「一度もないわ。」と彼女は答えました。「私の仕事はあんまり簡単ではないわ。(否定文の中の very は「あんまり」) でも，仕事を変わろうと思ったことはないの。なぜだかわかる？　病気の人たちのために全力を尽くしているときに (do one's best「全力を尽くす」)，とても幸せに感じるからよ。」そのとき，彼女は幸せそうに見えました。(look は第1段落の become や feel と同じように第2文型を作る。)

（第4段落）
　今，私はまた，学校生活を楽しんでいます。ときどき，病院の近くを歩くと，田中さんのことを思い出します。私は入院していたときに，彼女から人生についてとても大切なことを学びました。私はいつも彼女のほほえみと，「希望を失ってはいけない。」という彼女の言葉を思い出します。

〔解　説〕

問1　「私は学校に戻りたかったができなかった」というのだから，I couldn't go back to school. の意味である。

問2　直前の，「希望を失わなかったら……」を受けている。

問3　その前の康子のセリフ，「仕事を変わろうと思ったことはないの？」に対して返答をしたのである。また，その理由は，その後の田中さんのセリフ，「なぜだかわかる？」の後に示されている。

問4　選択肢の全訳を示す。
  1　「康子は病気のために，約1年入院していた」（第1段落第3文に「2か月入院した」とある。本文の内容に矛盾する。）
  2　「康子は誰も病院に見舞いに来てくれなかったので，とても寂しかった」（第1段落第4文に，「家族や友人たちが見舞いに来てくれたときには」とある。本文の内容に矛盾する。）
  3　「田中さんは康子が入院していたときに，世話をしてくれた（担当してくれた）」（第2段落第4文で「彼女は私の世話をしてくれている看護師だった」とあるから，本文の内容に一致する。）
  4　「康子は田中さんの仕事は簡単ではないと考えた」（第3段落第2文に「私はあなたの仕事が簡単ではないと思う」とある。本文の内容に一致する。）
  5　「田中さんは，康子が彼女の仕事について質問したとき，どう言ったらよいかわからなかった」（設問③の No, never. をすぐに答えているから，「どう言ったらよいかわからなかった」というのは適切でない。本文の内容に矛盾する。）
  6　「康子は田中さんと多くのことを語るためにしばしば病院を訪れる」（第4段落第2文で，「ときどき病院の近くを通ると，田中さんのことを思い出す」と言っているから，訪ねて行ってはいないことになる。本文の内容に矛盾する。）

問5　第2段落の最後の方で，「希望を失わなければ，楽しい時がまたやってくる」と言っているから，「希望を失うべきでない」というウが適切。

〔解　答〕

問1　ア
問2　希望を失わなければ，また楽しい時がやってくる，と思うこと。
問3　1.（看護師の）仕事を変えたいと思ったこと。　2. 病気の人々のために全力を尽くしているときに幸せに感じるから。
問4　3，4
問5　ウ

29 ——— 京都府

全訳

（第1段落）
　今週，2人の社会人講師が私たちの中学を訪問して，自分たちの仕事について話してくれた。これは私の将来を考えるよいチャンスだった。

（第2段落）
　社会人講師の1人は，鈴木さんで，僕の友達のお母さんだった。彼女は，犬の学校で，訓練士として働いていた。彼女は言った。「今では（today は「きょう」でなく「こんにち」），多くの人が犬をペットにしています。特定の人々の非常に重要なパートナーになる犬もいます。（some は「ある」というニュアンス。「ある犬は，ある人々のために非常に重要なパートナーでもある」が直訳）それから，彼女は私たちに，写真を見せて聞いた。「この（the）犬が何をしているかわかりますか。」

（第3段落）
　何人かの生徒たちは「ドアを開けています。」と叫んだ。

（第4段落）
　それは，車椅子に座っている女性と，彼女のためにドアを開けている黒い犬の写真だった。鈴木さんは言った。「この女性は，自分の手助けをしてくれるパートナーが必要なのです。この犬はもう2年の間，パートナーを勤めています。」

（第5段落）
　鈴木さんは私たちに，別の写真を何枚か見せてくれた。そこには，同じ犬がその女性を違う方法で手伝っているところが写っていた。犬は明かりを消し，彼女といっしょに買い物に行くところだった。鈴木さんは言った。「この犬はいつもこの女性といっしょにいて，彼女の手伝いをするのです。犬が手伝ってくれるとき，彼女はとても嬉しそうにします。すると（then）私も嬉しくなります。犬の訓練士になりたいのならば，多少の知識と特別の技術が必要になります。しかし，犬が好きだということの方がもっと重要です。」

（第6段落）
　私は犬の世話が好きだ。犬を訓練して（by -ing「～することによって」），他人の手助けをするというのは考えるだけでも素晴らしいことだ。（直訳：～すると考えることは素晴らしい。think of -ing「～することを考える」）

（第7段落）
　もう1人の社会人講師は山田さんというパイロットだった。この人は昔は我が校の生徒だった。

（第8段落）
　彼は言った。「私は小学生のときにパイロットになろうという夢を持ちました。理科が好きで一生懸命勉強しました。本校に入学して（直訳：ここで生徒になったとき），初めて英語の勉強を始めました。英語は最初はとても難しかったのですが，パイロットになるためには一生懸命勉強しなければならないということを悟りました（knew）。英語を勉強するのは時間がかかりましたが，私は一生懸命に取り組みました。夢を持つことはたやすいことですが，それに向けて行動を起こさなければ（take action「行動を起こす」），夢は消えてしまいます（自動詞の「be+p.p.」は「完了」を表すことがある。ここでは，will be gone＝will have gone で未来完了の意味。「行ってしまうだろう」）私の英語の先生は，私の願いを知っていて，自分のカナダ旅行のビデオを私に見せてくださいました。雲の上を飛ぶ飛行機からの美しい景色を写したものがあったことを私はおぼえています。雲は海のようで，太陽の光を受けて，明るく輝いていました。今私は，自分で飛んで，同じ景色を楽しんでいます。」それから，彼は，自分の仕事とパイロットの生活のことを説明してくれた。

(第9段落)
　彼は言った。「私の仕事は安全第一です。(直訳：安全であることが私の仕事の一番重要な部分だ。) フライトの度ごとに，天気や飛行機に関して，なんでも知っておかなければなりません。フライトはその度ごとに(様子が)違うので，お客様の安全を守るために(直訳：人々を安全にしておくために。keep の第 5 文型は「～を～にしておく」。cf. keep the door locked「ドアをロックしておく」)，経験からいろんなことを(a lot は代名詞で learning の目的語)学ばなければならないのです。」
(第10段落)
　山田さんは私にとても役に立つことを教えてくださった。(ここでは something を「何か」と訳すと日本語としておかしい。) 人生に目的を持って，それに取り組み続ける(keep -ing「～し続ける」，work on「～に取り組む」)ことが大切だ。また，職に就いた後でも，勉強を続ける(continue -ing「～し続ける」)ことも大切だ。毎日さまざまな経験をすることになるからだ。(直訳：毎日が多くの異なった経験を含むからだ。)
(第11段落)
　2 人の講演(speech)は両方とも，私には，とても面白くて，役に立った。仕事というものはさまざまなものがたくさんあり，働いている人たちから学べることも多い。私は，仕事を選ぶことに関して，多くの人々と意見を交換し，将来の自分の仕事を決めたいと思う。

(解　説)
(1)　A．前の段落で，1 枚の絵を見せ，当該箇所の後で，また別の写真を見せているのだから，「写真」が入ることになる。
　　B．人の手助けをする犬を訓練する仕事を知った後で言っているのだから，「犬を訓練することによって，他人を助ける」とつながる。
(2)　鈴木さんが，写真を見せて何か質問し，その後で，生徒たちが「犬はドアを開けています」と言っているのだから，「犬が何をしているか知っていますか」と聞いたのである。
(3)　明かりを「つける」は turn on。「消す」は turn off。
(4)　used to be は「昔は～だった」という意味で，was とほぼ同じ意味になることが多い。そこで，「彼は昔は我々の学校の生徒だった」(He was a student at our school.) の was を used to be に置き換えて，He used to be a student at our school とする。
(5)　選択肢を全訳すると，
　　(ア)　夢を持っていて，それを実現したいのならば，それを願うべきだ。
　　(イ)　夢を持ち続けたいのならば，先生に手伝ってくれと頼むべきだ。
　　(ウ)　夢を見るのをやめて，よく眠りたいのならば，早く床に就くべきだ。
　　(エ)　夢を持っていたら，それを目標にして，手に入れるように努力すべきだ。
　　下線部④では「行動を起こせ」と言っているのだから，(エ)が適切。
(6)　「雲の上を飛んでいる飛行機」であるから，後置形容詞句をつければよい。People living in Tokyo seldom see stars.「東京に住んでいる人にはめったに星が見えない」の living in Tokyo は後ろから people を修飾している。この形が「後置形容詞句」である。a plane の後ろに flying over the clouds をつければ同じ形になる。
(7)　問は「鈴木さんは何をしていますか。」であるが，現在形で「何をしている」ときくときは，職業を聞いているのである。そこで，「人々のパートナーになる犬を訓練する」とすればよい。「訓練する」は train。「犬」は無冠詞複数の dogs を使えばよい。train に 3 人称単数の s を忘れないこと。
(8)　枠内の英文の全訳を示す。
　　　山田さんが中学生だったとき，彼が英語を勉強するのは簡単なことではなかった。しかし，彼は

パイロットになりたかったので，たくさんの時間を費やして，英語に熱心に取り組んだ。彼は1つの目的のために勉強していたのだ。
　パイロットになった後でも，彼は勉強しつづけなければならなかった。彼は1回フライトをするたびに，たくさんのことを学んだ。フライトは1回ごとに違っていたからだ。彼はまず第一に，安全なフライトのことを考えなければならない。それが，彼の仕事の一番重要な部分だからだ。
　（ア）は第8段落第4文で，「英語を勉強するのは時間がかかりましたが，私は一生懸命に取り組みました」とあることから，「時間」であり，本文の英語にも，そのまま，a lot of time とある。
　（イ）第9段落冒頭に「私の仕事は安全第一です」とあり，safe（安全な）という形容詞が使われている。
(9)　ア，イ，ウはいずれも片方の講師のことに関する話題になる。2人のどちらからも学んだことは「進路選択」に関するヒントである。

〔解　答〕
(1)　A　ウ　　B　ア　　(2)　what　　(3)　off　　(4)　イオアエウ　　(5)　エ
(6)　flying　　(7)　ア　trains　　イ　dogs　　(8)　ア　time　　イ　safe　　(9)　エ

30 ── 都立日比谷高校

全訳

（第1段落）
　私が小さかった頃，父はよく（often）私を空中に持ち上げてくれた。私は両親を見下ろすことができた。2人（they）は笑っていた。空中でも，父の手が私をつかまえていたので，決して恐いことはなかった。私にとって，父は世界で一番強かった。

（第2段落）
　大きくなると，熊ごっこをするようになった。毎晩6時近くになると，私は台所のドアのかげに隠れて，静かにしていた。父が帰ってきて，ドアを開け，そこに立った。彼は「坊主はどこにいるんだ。」と言った。私は飛び出して，父のひざをつかんだ。父は見下ろして「やあ，これは何だ。小熊か。」と叫んだ。それから私は持ち上げられ，父の肩の上に乗せられた。私たちは母の横を通り過ぎて，居間のドアを抜けて行った。

（第3段落）
　6歳になると学校に通うようになった。学校では，どのように取っ組み合うか，どのように涙をこらえるか，などを学んだ。(学校で)学んだことを私は家でよく試してみた。新聞を読んでいる父を，椅子から引きずり下ろそうとした。父は言った。「坊主。何をしようとしているんだ。(1)まだ小さいんだから，お父さんを椅子から引きずり下ろすことはできないよ。」

（第4段落）
　8歳になると，私は背も高くなり，強くなった。ときどき，私は床の上で父と取っ組み合いをした。母はいつも言った。「ウィリアム。気をつけて。坊やに怪我をさせないでね。」　いつも簡単に父が勝った。私は半分怒り，半分笑っていた。「パパ，いつかは……」と私はいつも言った。（「いつかは勝ってみせるぞ」という意味）

（第5段落）
　私はハイスクールでフットボールを始めた。私は母を見下ろせるようになっていた（背が高くなっ

たことを言っている。）ことに驚いた。父と私はまだときどき取っ組み合いをした。母はそのことを心配していた。私たちがどうして戦い合わなければならないかが，彼女には理解できなかった。彼女はよく言った。「ウィリアム。あなたは年取ってきたのよ。そして，アンディはどんどん強くなっているの。」父と私が取っ組み合いをすると，まだ彼が勝った。私は仰向け（back は「背中」。「背中の上に横たわった」ということで「仰向けになった」）になり，父は私を見下ろした。彼は「降参か。」と言った。「降参だよ。」と私は言って立ち上がった。しかし，父はとても疲れたように見えることもあった。（sometimes は「こともある」と訳せる場合が多い。）ある日，母が「お願い，そんなことやめて。もうしないで。」と言った。

（第6段落）

　それで，私たちは，1年近くの間，取っ組み合いをしなかった。しかし，ある晩，夕食のときに，私は取っ組み合いのことを考えた。私は注意深く父を見た。父は以前ほどには背が高く，強くは見えなかった。私は見上げなくても父の目を見ることさえできた。（背が高くなったことを言っている。）私は「パパ。体重はどのくらいあるの？」と聞いた。「前と変わらないよ。なんでだ。」と父は言った。「ちょっと考えただけだよ。」（just は only の意味）と私は言った。

（第7段落）

　しかし，夕食の後，私は彼の所に近づいて行った。彼は椅子に座って新聞を読んでいた。私は彼の手から新聞を取り上げた。父は見上げた。最初，彼の目は「なぜ，そんなことをするんだ。」と言っていた。それから彼は私の目を見た。私が何をしようとしているのかを彼は知った。「じゃあ」と彼は静かに言った。「おやじ。来い。」と私は言った。彼はシャツを脱ぎ始めた。そして，言った。「おまえがしてくれと言ったんだぞ。」（お母さんからするなと言われているので，弁解をしたもの）

（第8段落）

　母が台所から入ってきて，「まあ。ウィリアム。アンディ。だめよ。どっちも怪我するわ。」（直訳：あなたがたはおたがいに傷つけあうだろう。）と言った。しかし，私たちは母の言うことを聞かなかった。今，私たちは立ち上がっていた。2人のシャツは床に落ちていた。それから，私たちは取っ組み合いをした。私たちは床に倒れて取っ組み合いを続けた。母は何か言おうとしたが，何も言わなかった。

（第9段落）

　しばらくして（after a while），私は彼を仰向けに押さえつけた。（直訳：私は彼を仰向けにピンで止めた。）「降参しろ。」と私は言った。彼は「ノー。」と言った。彼は私を押しのけた。しかし，彼にとってそれはたやすいことではなかった。また戦いが始まった。しかし，彼はとうとう仰向けになった。そして，とても驚いた顔をした。彼は必死で（hard）私と戦った。とうとう，彼は戦うのをやめた。私は「降参しろ。」と言った。彼は何も言わなかった。私はまだ彼を押さえつけていた。「降参しろ。降参しろ。」と私は言った。

（第10段落）

　突然，彼は笑い出した。母が私に言った。「立って，お父さんを起こして上げなさい。（直訳：彼を助けるために立ち上がれ。）アンディ。」私は父を見下ろして，「降参か。」と言った。父は笑うのをやめた。「降参だ。」と彼は言った。私は立ち上がって，父に手を差し伸べた。しかし，私より先に母が，父の肩に手を回した。父と母はいっしょに立ち上がり，私を見た。父は笑っており，母は私たちのことを心配していた。

（第11段落）

　「パパ。僕は……。怪我しなかったかい？」「いや。大丈夫だ。この次は……」（この次には勝つぞ，と言いたかったのである。）と彼は言った。「うん。たぶんこの次には。」と私は言った。この2人の言葉について，母が何も言わなかったのは，この次はもうないと知っていたからだった。（息子の方が強

くなり，父の方が体力がなくなったからには，もう取っ組み合いをすることはないだろう，と母は思ったのである。）ちょっとの間 (for a short time)，私たちは見つめ合っていた。それから，私は突然，向きを変えた。私は走って，居間のドアを通り抜けた。小さな子供だった頃，私は，台所で父の膝をつかんだ後，父の肩に乗って，何度もこのドアを通り抜けたものだった。今，私は，その台所のドアを通り抜けるのだった。

（第12段落）
　外は暗かった。私は涼しい空気を感じた。私は星を見上げたが，星は見えなかった。目に涙が浮かび，頬を伝わって落ちた。（星が見えなかったのは，涙で目が曇ったからである。）

〔解　説〕

問1　ア「おまえはまだ小さいから私を椅子から引きずり下ろせない。」
　　イ「私はおまえに，私を椅子から引きずり下ろしてもらいたい。」
　　ウ「おまえは新聞を読みたいんだね。」
　　エ「私はおまえに新聞を読むようにしてもらいたい。」
　　父親を椅子から引きずり下ろそうとした子供に向かって言っているのだから，「まだ，おまえには無理だよ。」と笑ったのである。アが適切。

問2　本文の当該部分を直訳すると「どうか，それをしないでください。もうこれ以上はしないでください。」である。父親が疲れ切った様子だったので，母親が心配したのである。No more! には，「もうアンディが子供ではなく，父親に負けないくらい強くなってきているのだから，取っ組み合いをするのは終わりにしてもらいたい。」という母親の気持ちが現れている。選択肢を全訳すると，
　　ア「彼女は，少年が父親をやっつけたので，父親（ウィリアム）が少年と戦うのは危険だと思った。」
　　　（このときはまだ，父親の方が勝ったのだから，この選択肢は不適切）
　　イ「彼女は，少年が母親よりも小さいので，少年（アンディ）が父親と戦うのは危険だと思った。」
　　ウ「彼女は，なぜアンディと父親が戦う必要があるかを知っていたので，自分がアンディを助けることは危険だと思った。」
　　エ「彼女は，いつか少年は父親と同じくらい強くなるのだから，2人が戦うのは危険だと思った。」
　　将来，これ以上取っ組み合いを続けると危険が生じる，と思ったのだから，エが適切。

問3　とうとう父親が息子に負けてしまった後で，父親がまだ「今度は負けないぞ」というつもりで Next time… と言い，息子が「今度はお父さんが勝つよ」と慰めたのである。

問4　選択肢の全訳を示す。
　　ア「少年が小さかった頃，彼は家の中に小熊を飼っていた。彼は毎晩，熊といっしょに父親を待っていた。」（第2段落に A young bear が出てくるが，息子を小熊になぞらえただけ。熊を飼っていたわけではない。本文の内容に矛盾する。）
　　イ「少年は6歳のときに，父親からたくさんのことを習った。たとえば，どのように取っ組み合うか，どのように涙をこらえるか，などである。それから，彼はそれを学校で試してみた。」（第3段落では，そのようなことを学校で学んで，家で父親に対して試してみたのである。学校と父親が反対になっている。本文の内容に矛盾する。）
　　ウ「少年が8歳のとき，彼の母親は父親に対して，取っ組み合いをするときには，注意するようにと言った。」（第4段落の内容に一致する。）
　　エ「少年と父親は1年以上取っ組み合いをしなかった。そして，ある日，少年は，父親がまだ自分より背が高く，自分より重いことを発見した。」（第6段落。「父親は以前ほどには背が高く，強くは見えなかった」と言っており，また，体重は聞いても答えなかったようである。本文の内容に矛盾する。）

オ「とうとう少年は父親をやっつけた。父親が立ち上がろうとするのを，母親と少年が助け起こした。」（第10段落に，私より先に母が助け起こした，とある。私は助け起こそうとはしたが，実際にはしなかったのである。本文の内容に矛盾する。）

問5　設問の英文の括弧をそのままにした全訳を示す。

　少年がまだ小さな子供だったとき，父親は彼にとっては世界で一番強かった。熊ごっこをして，父親といっしょに居間のドアを通り抜けるとき，彼は幸せだった。

　成長するにつれて，彼はときどき父親と取っ組み合いをした。父親はいつも彼をやっつけた。少年は，「いつか，僕は（　　）」と考えた。

　ハイスクールに通うようになってもまだ，親子（they）は取っ組み合いをし，やはり父親の方が強かった。その後，1年近くの間，2人が取っ組み合いをしなかったのは，母親がそのことを（　　）したからだった。

　ある晩，少年は父親を注意深く見た。父親は以前ほどには強くは見えなかった。彼は父親と取っ組み合いをした。彼は父親を仰向けに押さえつけた。とうとう，彼は父親をやっつけたのだ。彼は自分が父親（　　）（　　）ということを知った。彼は居間から走り出て，台所のドアを通り抜けた。それは少年から大人の男へ成長して行くためのドアだった。

(1)　父親に負けた後で，悔しがって考えたのだから，「いつか，僕はお父さんをやっつけるぞ」というようなセリフが来る。beat「やっつける」，あるいは，strongを使って，「いつか，僕はお父さんより強くなるぞ」などもよい。

(2)　括弧の後に about があるから，それにつながるように考える。worry about「〜のことを心配する」。

(3)　「自分が父親よりも強くなった」と考え，strongの比較級の文になるようにする。

問6　この文を読んで，感じることは，1つは父子の間の強い愛情であり，また1つは，子供が父親を乗り越えて行きたいという成長願望である。そこで，第1例として，「父と子はいつも相手を打ち負かしたいと思っていたが，互いに深く愛し合ってもいた。これは父と子の理想的な例だと思う。」

　また第2例として，一般論的に「少年はみんな父親より強くなりたいと思う。いつかきっと父親に勝つものだ。これは大人になるために通り抜けなければならないドアのようなものである。」というのはどうだろう。

〔解　答〕

問1　ア　　問2　エ　　問3　ウ　　問4　ウ

問5　(1)　will win または will beat him または will be stronger（最後のものはやや不自然）

　　　(2)　worry　　(3)　stronger than

問6　(解答例1)　Though the father and his son had always hoped to beat each other, they also loved each other very much. I think that this is an admirable example for father and son. (32語)（father と son がセットになっているので無冠詞でよい。）

　　　(解答例2)　Every boy wants to be stronger than his father. He is sure to beat his father one day. This is like the door he must go through to become a man. (31語)